蒼川愛という生き方。

Ai Aokawa way of life.

蒼川愛
Ai Aokawa

F
フローラル出版

はじめに

prologue

強がりではなく、ぶっちゃけ、今がいちばん楽しい！

いきなりなんだ、なんだ？　と思ってしまった方、ごめんなさい（汗）

私は　蒼川愛　と申します。インフルエンサーやモデルなどの仕事をしているシングルマザーです。過去に『バチェラー・ジャパン』シーズン1に参加し、最後の1人に選ばれたことは、ほんの数年前のことですが、体感的には遠い昔のことのようです。

今回、いろんなご縁が重なって、実を結んだ結果、本を出させていただくことになりました。

この本を手に取ってくださった方の中には、『バチェラー・ジャパン』シーズン1に参加、妊娠、出産……1児の母として充実した日々を送っている〝準・芸能人〟という印象を持たれてる方もいるかもしれません。

人から順風満帆そうに見えているってことは、私はうまく人生を歩めているってことなんだろうとポジティブに受け取っていますが、最初からそういう考えはできませんでした。だって本当は私、**ずっと自分のことが大嫌いだったん**ですから。

とにかく自分が嫌いで、人を羨み、相手が求める〝蒼川愛〟を演じてきた子どもでした。可愛げがないですよね。自分嫌いをこじらせると本当に大変！　中学生のときに男の子からデブと言われて以来、極端なダイエットを始めたり、多感な思春期に拒食症になって強制入院したり、『バチェラー・ジャパン』シーズン1で華々しくデビューしたり、恋愛に疲弊しすぎたり……とまぁ負の感情のオンパレードでした。こうやって文字にしてみると、よくもまぁ、そこまで自分が嫌いになれたものだと苦笑いしてしまいます。

でも、必ず転機は訪れるものなんですね。『バチェラー・ジャパン』シーズン1が終わってしばらく経過した頃、体調を崩して拒食症なみに痩せてしまったとき、かけがえのない我が子を授かっていることが判明しました。無条件で愛し、愛される存在を得たとき、私という人間は、180度変わりました。それこそ、今までの自分嫌いがウソのように自分を卑下しない、自分を労る人間になりました。それもこれも全部、息子のおかげです。妊娠、出産を機に、軌道修正できて本当に良かったな……としみじみ思います。

今回、筆をとっているのは、私と同じように「自分嫌いな自分」に支配されて、思い悩んでいる人が少なからずいる、ということを知ったからです。自分が嫌いでたまらない感情って、本当に厄介で、辛いんですよね。自分のすべてを否定して、自分や自分を愛してくれる人を傷つけてしまうことも……。私も拒食症で自分を傷つけてしまった一人ですが、それでも立ち直りました。苦境から立ち直るには、『バチェラー・ジャパン』に参加する必要も、芸能人になる必要もありません。いつだって、誰だって軌道修正はできます。

私の場合は、かけがえのない息子とハッピーに過ごすためには、自分のことも愛して、認めてあげるのが近道だと気づいただけです。でも、そんなシンプルな願いが劇的に意識を変えてくれることもあります。

きっかけは大なり小なり誰にでも訪れます。それを見逃さないようにしてほしいと思ってこの本を書いています。転機に気づける自分の作り方、何にも左右されない自分軸の作り方、といえば聞こえがいいですが、等身大の話ばかりなので、キラキラ女子とは無縁の、所帯じみた印象を抱かれるかもしれません。でもそれでもいいかなと思います。インフルエンサーの私も、子どものおむつを変えて、嘔吐したものを片付けて、子どもと一緒に泣いて笑っている私も、全部私です。ありのままの蒼川愛が経験した、自分を好きになれる小話を集めていますので、ぜひ読んで、笑って、元気を出していただけたら幸いです。

蒼川 愛

Contents

はじめに …… 002

第1部 ぶっちゃけ自分が嫌いだった、半生。 …… 016

自分が嫌いだった。
どうしても自分を好きになれなかった …… 017

自分が嫌いだった頃のエピソード1 最初から可愛くてキレイだったわけじゃない（自分で言うな笑）子どもなのに歯抜けBBA!? 男勝り過ぎて、歯が欠けたことさえも勲章だったおてんば時代 …… 018

自分が嫌いだった頃のエピソード2 我慢強くて継続することは苦にならなかった …… 021

自信はずっとなかった。でも自信がないからこそ「続けること」はできた継続は力なり。私の武器に、自信につながる

自分が嫌いだった頃のエピソード3 自分の殻に閉じこもって周りを羨んだ青春時代 …… 025

自分を出せないもどかしさ、ジレンマを抱えている方へ。自分が嫌い。そんな自分を受け入れることから始めませんか？

自分が嫌いだった頃のエピソード4 間違った美容で心も体もズタボロに …… 029

「デブ」と言われたことをきっかけに、ダイエットにのめり込んでしまった黒歴史
まるで骸骨。自分嫌いが行き過ぎて、骨と皮だけの哀れな姿に……。貴重な青春時代を棒に振った拒食症期
自分が嫌いだった頃のエピソード5　食と健康が、明日の美を作ると開眼 …… 035
デブと言われた私が大学生で美容ライターデビュー！
自分が嫌いだった頃のエピソード6　受け身の人生にピリオド。自分の人生の舵取りは私がやる！ …… 038
今、自分のことが嫌いなあなたへ。無理に人に合わせる必要なんてない、ありのままの自分を受け入れてあげよう

第2部　自分を認めるために。敢えて自分に課したマイルール。

…… 042

子育て編　転機は突然に。しかし着実に私の人生と考え方を変えてくれた …… 043
マイルール子育て編1　妊娠・出産は女性に与えられたまさにギフト！ …… 047
ママというアイデンティティが芽生えた日。母は最強だと身をもって知った日

マイルール子育て編2　子育ては孤軍奮闘しない！　周囲のサポートはフル活用すべし……051
疲れたかも？　と思ったらすぐ休むのも手。健康じゃないと子どもを育てることすらできない
マイルール子育て編3　他人の芝生は青いから何？　我が子を誰かと比べない……055
我が子を他人と比較するより、成長や変化をしっかり観察してサポートすることが一番大切
マイルール子育て編4　我が子の〝やりたい〟という意志を大事にできる親になる……059
常に我が子へのアンテナを張り、子どもにはやりたいことをやってほしいし、見つけてほしい
それをサポートできる親になろう
マイルール子育て編5　子育ては長いマラソン。だからこそ、休みながらゆっくりと……062
一人相撲は自分を消耗させるだけ。深夜まで悶々と考えるなら、いっそのこと子どもと一緒に寝て英気を
養うほうが得策

仕事編　仕事に追われれちゃいけない。仕事は楽しむものだから

……066
マイルール仕事編1　身を粉にして朝から晩まで働くあなたのその自己犠牲、本当に必要？……068
マイルール仕事編2　仕事をお金だけで判断するのはナンセンス……073
大切なのはあなたがどう思っているのか。あなたはどうなれば「幸せ」「満足」と感じますか？

マイルール仕事編3　認められたい！　なら、まずはあなた自身があなたと周りを認めよう……
自分と相手を認めることでお互いに自信がつき、理解が深まる。それが、コミュニケーションだし、信頼だと思う　077
マイルール仕事編4　何でもかんでも抱えてたらつぶれちゃう。仕事は役割分担で効率よく！……
スーパーウーマンもセーラームーンも、頼れる仲間を持っている。特別な力はないけど、コミュニケーションで頼り・頼られる関係は作れる　080
マイルール仕事編5　仕事のミスは仕事の時間内に解決＆消化することが大事！……　083
時間外に持ち越せば、それだけ家族やパートナーと過ごす時間が減って、アンハッピーに
マイルール仕事編6　仕事に役立つスキルアップも大事。だけど、あなたが楽しく仕事ができるほうがもっと大事！……　086
「自分のため」に加えて「人のため」にできることが増えたら仕事はもっと楽しくなる
マイルール仕事編7　オンとオフの切り替えは大事。敢えて仕事のことを考えない時間をとってリセット…　089
実は仕事と関係ないプライベートな時間にこそビジネスチャンスは転がっているもの
マイルール仕事編8　シングルマザーだからこそ、子どもと過ごす時間をしっかり作る……　092
子どものために昼夜問わず働くことも大切だけど、子どもとコミュニケーションとれなければ本末転倒

人付き合い編

女にとって同性は敵にも味方にもなる存在。
そんな女の人生を謳歌するための人間関係構築ルール ……… 094

マイルール人付き合い編1　シングルマザーだからといって無理にママ友を作る必要なし！ 気の合う友人は無理につくらなくていい。自然といっしょにいる人だけでいい ……… 097

マイルール人付き合い編2　羨ましいは妬ましいと表裏一体。キラキラ投稿のSNSはそっとミュート ……… 100

マイルール人付き合い編3　人間関係において100％なんて目指さなくてOK メールやチャットのテキストでは、気持ちまで読み取れないし、汲み取れない ……… 102

人に過度な期待を持ちそうになったら、まずは自分にご褒美をあげてその期待が妥当か見つめ直して

マイルール人付き合い編4　友達に固執する必要なし！　一人で楽しめる自分軸のある女性がかっこいい ……… 105

人間関係構築に過度な労力をかける必要はない

自分磨き編

私を輝かせるのも、私を愛せるのも私自身。
自己プロデュース力を磨いて自己肯定感を爆上げしましょう。 ……… 108

マイルール自分磨き編1　まずは自らを客観視することが魅力アップの近道 ……… 110

自己満の〝完璧主義〟が私を自分嫌いの無限ループに落としていた

マイルール自分磨き編2　美容と健康には良質な睡眠が欠かせない！……115
睡眠不足は思っている以上に自分をブスに作り上げる。メンタルもやられるから一利なし！

マイルール自分磨き編3　手っ取り早く美意識を爆上げしたいならデパートに行こう！……119
デパコスを怖がる必要なし！　アドバイスを受けにいく感覚でOK！

マイルール自分磨き編4　アスリートばりの運動は必要なし！　ちょこちょこできる〝ながら運動〟を
続けることが体型維持の近道！……122

体型維持や運動習慣を付けるには、長く続く運動をすることが大事！

マイルール自分磨き編5　私らしさを引き出すにはマイ・ルーティンを作ることが大事……125
他の誰かじゃない、あくまでも自分にあったルーティンを作ろう

自己肯定感を上げるマイ・ルーティン1　マイカラーと勝負カラーの違いを知っておこう……128

自己肯定感を上げるマイ・ルーティン2　似合うメイクと流行りのメイクを知ろう！……130

自己肯定感を上げるマイ・ルーティン3　今のあなたに合ったスキンケア法を知ろう……131

自己肯定感を上げるマイ・ルーティン4　自分をご機嫌にするファッション・メイクを見つけよう！……132

番外編
自分でできないケアは美容医療やエステに頼るのも1つの手段……133

恋愛編

恋する乙女は最強。

恋をしてより自分を愛せるようになった。……134

マイルール恋愛1　恋愛せよ悩める乙女たち！……137
恋愛はままならないことばかり。でもそれが自分を見つめ直すきっかけに

マイルール恋愛2　「私には愛される価値がある」という魔法の言葉を自分でかけよう……141
他人の評価がもらえないときでも自己肯定感を高めたいなら。鏡を見て、自分を客観視しよう

マイルール恋愛編3　自分は自分、人は人。恋愛も100通りあっていい……145
キレイになったところを認めれば徐々に自己肯定感も上がっていく

マイルール恋愛編4　上手なぶりっこ こそ、大人の恋愛テクニック……149
他人の恋愛を羨ましく思わなくなった自分をまずは褒めよう

マイルール恋愛編5　蒼川流失恋したときの立ち直り方……153
洗練された仕草こそが大人女子の「ぶりっこ」だと思う

マイルール恋愛編6　『バチェラー・ジャパン』シーズン1で得た恋愛との向き合い方……157
告白がうまくいくのも、失恋するのも、全て「想定」しておくことが大事

待っていても何もやってこない。新たなチャレンジのための『バチェラー・ジャパン』

『バチェラー・ジャパン』シーズン1の最後の1人に選ばれた私を支えてくれた「気持ち整理ノート」
マイルール恋愛編7　私がシングルマザーの道を選んだ理由　164
自分の人生を生きなきゃダメだと我が子が教えてくれた
マイルール恋愛編8　シングルマザーも恋愛を楽しんで！　169
人を好きになる気持ちは止められない。でも何が大切なのか、優先順位や選択は間違わないで
おわりに　173

STAFF

カメラマン
saru
山本春花
早川結希（合同会社ヨクドウ）
飯田エリカ(para,inc)
石橋英祐
SHE株式会社

デザイン
今泉 誠(Imaizumi design)

第1部

ぶっちゃけ自分が嫌いだった、半生。

自分が嫌いだった。
どうしても自分を
好きになれなかった

自分が嫌いだった頃のエピソード1

最初から可愛くてキレイだったわけじゃない（自分で言うな笑）

子どもなのに歯抜けBBA!?　男勝り過ぎて、歯が欠けたことさえも勲章だったおてんば時代

ところで、皆さんは、どんな子ども時代を過ごしましたか？

私は、タイトルにもある通り、めちゃくちゃ男の子みたいな子ども時代を過ごしました。

「え？　愛ちゃんの今の姿からは想像もつかないんだけど……」

「はいはい、どうせネタでしょ（笑）」

なんて声が聞こえてきそうですが、ワタクシ、生まれも育ちも島根県なんです！　神無月には八百万の神々が集う島根県、知名度が全国ワースト1という不名誉なランキング1位をとったこともある島根県……で、幼少期から思春期までを過ごしました。

宍道湖もあり、自然豊かな土地で育ったからでしょうか。それはそれはわんぱくで、ガキ大将みたいな子どもでした。

なにせあの頃は、女の子たちと遊ぶよりも、男の子たちとかけっこや木登り、虫取りなんかをするのが大好きというおてんばぶり。それこそ、校庭や家の近所を走りまわるわ、泥だらけになるわ、擦り傷・切り傷が絶えないわ……と、およそ女の子とは程遠い遊びが大好きな子どもでした。

そんな私のおてんばの極みといえば、小学校のときのあわや歯抜けBBAになるところだった〝歯が欠けた事件〟です。

それは、ある日の放課後のこと。今日も男の子たちと鬼ごっこか、ドッジボールかなにかをしようと勢いよく教室を飛び出そうとした、まさに、そのとき。憎き？　給食袋が机にツンっ

と引っかかり、そのまま私は勢いよくロッカーにダイブ！　あんなに素直にまっすぐ生えていた私の前歯が、ものの見事にポキッと欠けました。さすがに元気な男の子たちも、身支度をしていた女の子たちも、目が点……。シーンっと静まり返った教室で、一人うずくまって恥ずかしさに耐えていました。これがいわゆる羞恥プレイというものでしょうか？

でも、おかげさまで、今では歯も元通り！　審美歯科には足を向けて寝られません（笑）

子ども時代に、それも女の子なのに、歯が盛大に欠けてしまったことで、先生や親にしこたま怒られはしましたが、当の本人は、恥ずかしさを感じながらも、なんだか大それたことをやってのけたような、誇らしいような……そんな気持ちでした。

勲章をもらったような気持ちになれたことも含めて、とても大切な思い出です。それにしても、子ども時代の私は、ずいぶんと怖いもの知らずだったな……。でも、自分の子ども時代が天真爛漫に楽しく過ごせていたので、息子にものびのびと育ってほしいなと思っています。

自分が嫌いだった頃のエピソード2

我慢強くて継続することは苦にならなかった

自信はずっとなかった。でも自信がないからこそ「続けること」はできた。継続は力なり。私の武器に、自信につながる

男女問わず、自信がある人って素敵だと思いませんか？

「おい、蒼川、芸能人みたいなことしているのに自分に自信がないのかよ？」とご指摘頂戴しちゃいそうですが、『バチェラー・ジャパン』シーズン1に参加して、メディアやSNSで露出をしている今でも、自分に自信を持っている人って、憧れてしまいます。

というのも、先程も述べました通り、私はおてんば娘で、外で遊ぶのが大好きな子どもでした。その反面、とっても引っ込み思案なタイプでした。それこそ、人前に出ると緊張して生唾を飲み込む、足が震える、声が小さいといった場面もチラホラ……。そんな私を見ていた母親は「自分に自信がつくように」ということで、様々な習い事に通わせてくれました。水泳やピアノ、地元の合唱団などの習いごと、海外で行われる短期のサマーキャンプ……など、実に多くの体験をさせてくれました。

しかし、たくさんの経験ができたにもかかわらず、いつまでたっても私は自分に自信が持てず、周りの目をどこか気にしている子どもでした。そんな自信のない私でしたが、どうやら、なにかを「続ける」ことは苦にならなかったようで、水泳と合唱にいたっては、高校2年生になるまで続けていました。特に、合唱、歌に関しては、音楽大学に進もうかな……と迷うほど。どちらかというと続けることが得意だったことが功を奏したおかげで、歌が自分の取り柄の一つになったんです。

とまぁ、色々な習い事をしていた私ですが、すべて受動的だったことは否めません。「自分からこの習い事をやりたい」という積極性もなければ「これが人よりもできる」という自信もありませんでした。でも、たった一つだけ〝続けること〟だけは得意。継続は力なり、といえば聞こえが良いですが、ぶっちゃけた話「なんとなく続けていた」というのが本音です。

今思えば、なんて幸せな幼少期・少女時代を過ごしていたんだろうと思いますが、当時の私は与えられたタスクを淡々とこなす感覚でした。ですが、音楽大学への進学を考えたこともあるくらい、案外、なんとなく続けるだけでもその気になれちゃうものです。継続して習い事をしていれば、当たり前ですが、少しずつ上達していきます。その事実が「好き」という感情を芽生えさせて、練習にも熱が入っていたのかもしれません。だから、私はこう思うんです。

好きとか嫌いとか、あんまり考えず、ただなんとなくでも続けることさえできていれば、それが将来何らかの形で役立つと。

物事をあきらめずに続けることができるというのは、あらゆる業種・業界に通ずることだと思いますし、生きていくうえで大事なスキルの一つだと思っています。とはいえ、継続するって結構根気がいるのでダルくなる時もありますが、将来の道を拓く光になると思いますので、今何かを始めたり、実践したりしている方は、ぜひ自信を持って続けてみてください！

早稲田大学大学院学位授与式
学位記
早稲田大学

自分が嫌いだった頃のエピソード3

自分の殻に閉じこもって周りを羨んだ青春時代

自分を出せないもどかしさ、ジレンマを抱えている方へ。自分が嫌い。そんな自分を受け入れることから始めませんか？

〝自分の気持ちをうまく出せない〟とはっきり気づいたのは、中学生のときでした。気づくまでは、それこそ、学校生活で求められる立ち回りや、友達関係など、それなりにうまくこなしていたとは思います。ですが、はっきり気づいてからは、感情をうまく伝えられない、嫌われるのが怖い、自分が嫌い、というどうにもならない感情を止めることができませんでした。

私も一般的な思春期の子どものように、多感な青春時代を送っていた……といえばそうなのでしょう。中学生は多感でナイーブなお年頃。誰でも他の子の一挙手一投足が気になってしまうものです。私もその例に漏れず、学校で可愛い子やいきいきと学校生活を楽しんでいる子を見ると「どうして私はああいう風にキラキラになれないんだろう……」と周りを羨み、そうなっていない自分を責めてばかりいました。

なんともいえないこの羨望や憧れ、劣等感……などは、もしかしたら、一人っ子で育ち、兄弟姉妹と比べられる環境がなかったからかもしれません。こうして文字にして思い返してみると、とっても贅沢な悩みですね。でも、当時の私は真剣そのもの。悲壮感たっぷりの思春期を送っていました。それこそ、学校に行ってもなんだかモヤモヤ……。学校以外では順風満帆だったかというとそうでもなく、当時付き合っていた彼氏のことで母とぶつかってしまい、家の中でもギクシャクする日々が続きました。

「わかるわかる！ 私も高校生の頃親と衝突したな～」と、共感してくださっている方も多いかもしれません。あるいは、今、この本を読んでくださっている方の中には、もしかしたら自分と誰かを比べて「苦しい……」と思い悩んでいる方もいるのかもしれません。

このどうにもできない感情、どうやったらなくなるんだろう……といつも悶々としていました。でも「人と比べてしまう」癖はそう簡単にはなくならないもの。私のなかで自然体でいられているな……と感じたのは、社会人になってからでしょうか。私は私のままでいいんだとはっきり自分を認めてあげることができたのは、それこそ、親になってからだと思います。

それまでは、親や友達といった周りの人達から「そんなに自分を卑下しないで」とか「人と比べないほうがいいよ」とか言ってもらっていましたが、私の中では腑に落ちず、モヤモヤと思い悩んでいました。でも、そういう悶々と考えることって、あってもいいと思うんです。どんなに素晴らしくて温かいアドバイスをもらっても、簡単に切り替えられないものや割り切れないものってありますよね。それならいっそ、自分が納得するまで比べてみてもいいし、トコトンあでもない、こうでもないって悩んで、考えてもいいと思っています。

自分が嫌いだった頃のエピソード４

間違った美容で
心も体もズタボロに

「デブ」と言われたことをきっかけに、ダイエットにのめり込んでしまった黒歴史

女子とダイエットは切っても切れない関係……というか、火と油、混ぜるな危険な関係です。モデルやライフスタイルなどのお仕事をしている私とて（←うるさい笑）、ダイエットにはいつも悩まされています。そのくせ、美味しいものを食べることが辞められない……。

今でこそ「やばい……体重が昨日より0.5グラム増えてる……絶食せなあかん……」といった強迫観念に駆られることは少なくなりましたが、一時期は質量が重たい物を食べることが怖く、苦痛すら感じていました。

そんな私のダイエッター人生は、中学3年生のときにスタートしました。

それは、何気ない口喧嘩で出た「うるせえんだよ、この〝デブ！〟」という一言。中学生ってまだまだ子どもだから、平気で容姿に関する悪口を言ってしまうんですよね。今ではそれも理解はできるんですが（←だからといって容認はできないですけど）、当時の私も、思春期真っ盛り！

「デブ」というたった2文字に、当時の私は「人生詰んだわ……」と感じるほどの衝撃を受けました。

そこからは、皆さんご存知の〝ネガティブ蒼川愛〟が登場です。

「ああ……私は太っているんだ……。デブだなんてみっともないし、おしゃれもできないじゃない！　そんな自分は無価値で大嫌い……痩せなきゃ！」とネガティブのオンパレードでした。

この頃は、ある意味、黒歴史と言ってもいいほど。過酷なダイエットに取り憑かれた日々が

始まりました。当時は、知識もない子どもが考えるダイエットだったので、当然、食べないダイエット一択！

「食べなければ痩せる！」という安直、かつ健康度外視の食事制限ダイエットを選んだので、とにかく口にするものすべてに気を付け、カロリーが少ないものを選ぶようにしていました。

その頃、ちょうど栄養学にも興味を持ち「添加物や保存料が入ったものは食べてはいけない」といった本なども読むようになっていました。炭水化物は控えめに。お肉は脂身が少ないものを。そうやってストイックに続けていった結果、今度はカロリーを摂ること自体が怖くなってしまい、食べることが恐怖に……。罪悪感に苛まれた私が食べられるものは、蒸し野菜くらいしか残っていませんでした。

当然、体重はみるみる減り、とうとう40キロを切りました。39キロ台になったとき、周りから「最近、ちゃんと食べてる？　大丈夫？」と心配されるようになりました。そのくらい、誰が見てもガリガリに痩せてしまったんです。でも、不思議なことに、自分ではもう痩せの基準がバグっていたようで「痩せている」とは思えなかったんです。むしろ「もっと頑張れる」とさえ思っていました。この頃の私にとって「美」を推し量るモノサシが〝体重の減少〟になっていたのかもしれません。自分の感覚と周囲や一般的な感覚との乖離が著しかったのがこの頃です。

まるで骸骨。自分嫌いが行き過ぎて、骨と皮だけの哀れな姿に……。貴重な青春時代を棒に振った拒食症期

中学を卒業し、高校生になっても、私は40キロを切った低体重でした。

このままじゃいけない……とは思っていましたが、余分なぜい肉がついていない体、鎖骨や助骨が浮き出ている体、どこもかしこも折れそうなほど細い自分に酔っていたのは事実です。何より、

「細ーい！」

「スタイルいいね！」

と言われることが快感でした。もちろん、自分では、

「もっと痩せてキレイにならなくちゃ……」

とダイエットハイのような状態だったので、現実が見えていなかったのも事実。相変わらず食べない・食べられない日々は続きました。

40キロ前後になった当時、さすがに心配した母親になかば強引に病院に連れて行かれました。すると、医師から

「38キロを切ったら入院になりますよ」

と警告されてしまいました。このとき、初めて私は「え……よくテレビで見るような摂食障害になっているってこと……私が！？」と、自分が異常な精神状態に陥っていることを指摘され衝撃を受けたのです。

「絶対に入院なんて嫌！　私は病んでない！」

「いいわよ、食べればいいんでしょ？　スグに牛丼つゆだく・肉増量くらい平らげてやるわよ」と決意したのはいいものの、まったく、箸を口に運ぶことができませんでした。口に入れた瞬間に後悔するほどの罪悪感が生まれ、口に含んだものを吐き出したいという衝動に駆られていました。

食べないと入院。でも食べると太る。

この悪循環から抜け出せずに、たどり着いたのは、低カロリー食品と飲み物で維持するというもの。今考えると、なんてアホな……と呆れてしまいますが、当時の私は真剣そのもの。

結局、高校1年生の夏には強制的に入院することに。このとき、初めて「拒食症」と診断されました。

このときのことを思い出すと、今でも辛いです。入院生活はストレスと、ある種の恐怖の連続でした。夜になると、病室のどこかから叫び声が聞こえてくるわ、吐くのを防止するためにトイレは使用禁止だわ、病室は監獄のようだわ……トラウマになりそうでしょ？

このとき、本当の意味で「このままじゃ、本当に私は精神がやられてしまう……」と気づき、しっかり食事と向き合うようになりました。

それが功を奏したのか、順調に体重も増え（↑といってもまだまだ低体重なのですが）、基準をクリアしたので、予定よりも早く退院することができました。

家に戻ってからは、「二度と入院したくない……」と決意し、食べること・体重が増えること・

外見が変わっていくこと……などから意識をそらす努力をしました。

　これにうってつけだったのが学校の勉強でした。勉強に没頭している間は、食べること・体重の増減・見た目などを忘れることができたからです。

　もともと勉強するのが好きだったこともありますが、とにかく辛い現実から目を背けたい……という思いがあったことは否定しません。ある意味、自分と真正面から向き合わずに「逃げる」ことを選択したといえます。

　勉強に没頭するようになってから「これくらいなら食べてもいいかな」「このおにぎりだったら全部食べられそう」と、食事に対しても徐々に前向きにとらえられるようになりました。

　辛い状況から逃げ出したい……と思うことって生きていれば必ずありますよね。

　そんなとき、真正面から向かいあうばかりではなく、ときには引いて、一旦、自分を逃がしてあげることもすごく大事だと思います。結果的に自分と向き合い、克服するときがくるからです。私は、それを拒食症の経験でまざまざと実感しました。

　逃げるは恥だが役に立つ
　ではないですが、一旦引いて、形勢逆転を狙うのもアリだと思います。私の体験を通して、逃げたら負け……のように考えて悶々としている方の気持ちが少しは楽になることを願っています。

自分が嫌いだった頃のエピソード5

食と健康が、明日の美を作ると開眼

デブと言われた私が大学生で美容ライターデビュー！

拒食症で悩んだ時期もありましたが、退院してからは、周りの友人の影響もあって、美容への意識が高まりました。

ネイルをしてみたり、スキンケアに力を入れてみたり、ファンデーションを塗ってみたり……その美容熱はおさまることはなく、大学生になってからも続きました。

「もっと美容のことを知りたい」という気持ちから、美容メディアを運営する会社にインターンとして入り、ライターとしての活動を始めました。自分が書いた記事がネットメディアに掲載されたとき、とても嬉しかったことを覚えています。

美容整形に興味を持ったのもちょうどその頃です。整形について調べたり、二重の施術を受けたり。このとき、自分がなりたい、と思える自分に近づけた気がしました。

しかし、外見を磨いたことで承認欲求が高まったとはいえ、本当の意味で自分のことを好きになったわけではありません。

いうなれば「かりそめの好き」という気持ちですが、若い頃はそれで十分だったと、今は思います。

美容の知識を蓄え、オシャレなどに興味を持ったとしても、バッチリメイクの自分を見て「可愛くないな……」と思うときはあります。でもそれでいいと思っています。自分のことを本当に好きになるなんてもっともっと後。

無理に好きになろうとするのではなく、まずは、今のありのままの自分を認めてあげることの方が大切なんじゃないか……と思うからです。自分のことが嫌いならそのままでもいいんです。だけど、決して、無理に自分のことを嫌いになっちゃダメ！

「無理に自分のことを嫌いになろうとしている」ときの意識や行為は、自分を傷つけるだけです。自分が今どんな気持ちでいるのか、自分を客観的に見てどう感じるのか、そういった〝本音〟を聞いて、受け入れてあげることが大事だと思います。

自分が嫌いだった頃のエピソード6

受け身の人生にピリオド。自分の人生の舵取りは私がやる！

今、自分のことが嫌いなあなたへ。無理に人に合わせる必要なんてない、ありのままの自分を受け入れてあげよう

冒頭からつらつらとネガティブ蒼川愛を炸裂していますが、事実、小学生の頃からずっと「自分が嫌い」という気持ちを抱えて生きてきました。本当の意味で自分自身のことを丸ごと愛せるようになったのは、子どもが産まれた後のことでした。それまでは、親や先生、友達がどう思うか……といった具合に、どこか他人の目を気にして生きてきたような気がします。

子どもの頃に「自分は自分。そのままでいいや」と思えていたら……もっと楽に楽しく少女時代を謳歌していたのかもしれません。

今、自分のことが嫌いだと感じているあなたへ。

その〝嫌い〟という感情を無理に変えようとする必要はないと思います。だけど、これだけは覚えておいてほしいんです。

あなたの人生は、あなただけのもの。

これは、自分嫌いをこじらせて拒食症になり、強制入院まで経験した私からの切なるメッセージです。他人の人生を羨ましがっても、他人になることはできません……なんて、そんなこと、みんなわかっているんですよね。でも、羨んだり、妬んだり、自分を卑下したりする気持ちを止められない。それなら、その気持ちを一旦、受け入れてみませんか？

受け入れた結果、どうなりたいのか、どう行動したいのか、そういったことが自ずと見えてくると思います。

また、人生における選択・決定も同様です。転職する。結婚する。引越しをする。子どもを産む。

人生は選択の連続ですが、どんな選択をしたとしても、無駄なことはなに一つないと私は思っています。

自分の人生をつくるのは自分自身……とわかってはいても、しがらみや、つながりはそう簡単に断つことはできませんよね。

だからこそ「友達や親でさえも自分のことを本当に理解することなんてできない。私の一番の理解者は私自身だ」と一歩引いた目線で見ることができればしめたもの!

大学3年生で『バチェラー・ジャパン』シーズン1に参加した私は、その後就職活動をすることなくSNS発信を仕事にする「インフルエンサー」としての道を選びました。拒食症やインターンを経て、自分が美容情報をリサーチ&発信することが好きで、得意だということがわかったからです。

同級生とは違う道を選びましたが、後悔はしていません。自分でめちゃくちゃ悩んで決めたからこそ、良いことも悪いことも全て〝経験〟としてとらえることができるようになりました。子どもの頃の私では想像もできませんが、今では挫折があったとしても、それを丸ごと受け入れて次のステップにつなげています。

これから仕事をしていくみなさん。あるいは今、なんとなく仕事がつまらないと思っているみなさん。

仕事が嫌だからやめる、もしくは転職する、といった極端な選択をするのではなく、自分はこういうことをしたいから……という理由で決断をしていったほうが生きやすいのではないかな……と思います。そうやっていつも自分がやりたいこと、得意なことを心の真ん中に置いておくことで「もっとこういう仕事にチャレンジしてみよう」「これはどんなに頑張っても苦手だからやめよう」という判断ができるようになってくるはず。

「自分の心の声をきちんと聴くこと」もまた、大切にしてほしいと思います。

第2部

自分を認めるために。敢えて自分に課したマイルール。

転機は突然に。
しかし着実に私の人生と
考え方を変えてくれた

子育て編

カンタンなようでいて難しい、等身大のママライフ！

パートナーがいても
シングルでも〝子はかすがい〟
子育てに絶対や完璧を押し付けず
我が子を愛せるようになれたら一人前。
難しいけどね。

マイルール
子育て編1

妊娠・出産は女性に与えられたまさにギフト！

ママというアイデンティティが芽生えた日。母は最強だと身をもって知った日

正直な話、妊娠は予期せぬことで、わかったときは本当に驚きました。

気づいたのが22週で、産むしか選択肢がなかったとはいえ、ぶっちゃけた話、産むことに迷いはありませんでした。迷いはなかったものの「私にちゃんと育てられるのかな。しかも一人きりで……」といった不安はありました。

でも、お腹の中の息子はそんなことはもちろんおかまいなし！　すくすくと育ち、日に日に力強くなる胎動や体の変化に驚きつつも、感動を覚えていました。そんな成長を感じるたびに、いつしか私の不安は消え、愛おしさがあふれてきました。

よく「シングルと決断した時、不安はどう払拭したんですか？」と聞かれることがあります。私もみなさんにお伝えできるよう、不安を消して覚悟を決める何かがあれば良かったのですが、自然とそうなったというのが正直な話です。

出産したときのことは、今でも昨日のことのように覚えています。

「やっと会えたね！　よく生まれてきてくれたね」

出産して息子とはじめて対面したときの感動は、このさき一生忘れることはないと思います。とはいえ、その後は、自分のことは何一つできないほど忙しい毎日が待っていました。今だから言えることですが「いつまで続くんだろう……」なんて落ち込むときもありました。でも、子どもの存在って本当にすごい！　メイクやオシャレをしていなくても、ボサボサでも、どんな状態の私でも無条件に求め、愛してくれるんですよね。その息子の存在が何よりも力になっ

たんです。

妊娠・出産を機に、幼少期から筋金入りだった私の〝自分嫌い〟はすっかりなくなりました。

ちなみに、今だから言えますが、実は、実際に子どもを産むまでは、子どもに対して少し苦手意識がありました。でもそんなことは息子の顔を初めて見た時にふっとび、180度考えが変わりました。

「私を無条件で頼ってくれるこの子はなんて愛おしいんだろう」

「この子を守ってあげられるのは、ほかの誰でもなく私なんだ！」

「自分を嫌いなんて言っている場合じゃない！　この子の自慢のママになりたい！」

という感情が芽生えました。

世界で一番大好きな息子を愛するには、まず自分を認め、慈しむこと。そして、支えてくださる周りの方々にいつも感謝の気持ちを忘れないこと。

至極当然のことばかりですが、息子の誕生で、そんな大切なことに気づくことができました。

もしも、時を戻せるなら、不安でいっぱいだった自分にこう言ってあげたい。

「大丈夫だよ！　あなたは必ず幸せになれるから」

マイルール
子育て編2

子育ては孤軍奮闘しない！
周囲のサポートはフル活用すべし

疲れたかも？　と思ったらすぐ休むのも手。健康じゃないと子どもを育てることすらできない

ただでさえ大変な子育て。しかも初めて尽くし。

シングルマザーには、さらにそれをワンオペでこなす大変さが加わります。

「私が一人で育てると決めたんだから、誰にも頼らない！」

責任感の強い方ほど、そんなふうに頑張ってしまうのかもしれません。

かくいう私も最初はそうでした。でも、背負い込みすぎると何もいいことがないと痛感しました。体調は崩すし、余裕がない日は子どもと一緒に泣いてしまうし、そんな自分に嫌気が差してネガティブ沼にハマってしまうし……。

一人ですべて抱えて悲劇のヒロインになるのは、ただ、ただ自分の身をすり減らすだけだと身にしみました。親である私が倒れてしまっては、子育てどころではなくなります。倒れたらじゃあ、子どもは誰が育てるの？　って話ですよね。

自分の健康を害しては本末転倒だと痛感しました。

子育ては長期戦。

まずは自分が元気に、健康でいること、そして少し余裕を持ちながら楽しくできること、それが一番です。そのために重要なのは、頼れるものは全部頼る！　こと。

「少し休みたいから、預かってもらえる？」など、ときには家族や友人にヘルプを求めるのも大切です。誰か大人とほんの少し話すだけでも、気持ちがすごく楽になります。

行政サービスも遠慮なく頼りましょう。私も何度もお世話になっています。とはいえ、最初

から活用していたわけではありません。島根にいたとき、一時保育の申請をすれば支援してもらえたのに、私はそのサービス自体を知らなかったため、当然もらえませんでした。

実は「なんで教えてくれなかったの?」という行政のサービスが結構多くて、「あぁ、自分で調べないとダメなんだな。受け身じゃ誰も助けてはくれない」と痛感しました。

各自治体は、子どもの一時預かりなどファミリーサポート事業をしています。ホームページをチェックしたり役所に問い合わせたり、自分から情報を取りにいくことが大事!

私は、そうしたサポートがあってこそ、ここまで子どもを育ててくることができました。シングルマザーは不安も多いと思います。ご家庭の状況はそれぞれなので、私のやり方が参考になるとは言えません。

だけど、使えるサポートはどんどん使うことが、結局子どもにとってもプラスだと思っています。

マイルール
子育て編3

他人の芝生は青いから何？
我が子を誰かと比べない

我が子を他人と比較するより、成長や変化をしっかり観察してサポートすることが一番大切

大切な我が子の成長は、親にとってうれしくもあり、気になることでもあります。だからこそ「同じ月齢の子は上手に歩けているのに、うちの子はなんでまだできないの？」なんて、ついつい他の子と比べてしまいがち。

でも、他人との比較は無駄な不安を招くだけ。当たり前のことですが、人は一人ひとりみんな違うんです。顔も体も性格も違えば、成長のスピードだって違う。だから、他の子の成長とはそもそも比べられないものなんです。

私も、他の子がまったく気にならないわけではないけれど、できるだけ息子自身の変化に目を向けるようにしています。

というのも、子どもがすくすくと育つこと、それは当たり前じゃない、と痛感したからです。実は、8ヶ月のとき、息子は、「先天性赤芽球」という病気にかかっていることがわかりました。透き通るような色白で、他の子よりも元気がない大人しい子だと思っていたのですが、あるとき、母から「少し様子がおかしい。ぐったりしているようにも見えるから病院に連れて行った方がいい」と言われ、連れていったところ先の病名と診断されたのです。

正直、最初は「え？　病院？　大げさだな」と思ったのですが、あのときの母の子育ての先輩としての嗅覚に感謝しかありません。あと少し遅ければ我が子を失うところでした。診断されたときは、恐れや焦りに支配され、頭は真っ白でした。でも今では、投薬する必要もないくらい寛解しました。奇跡って本当にあるんだな……と感じた瞬間でした。

だからこそ、今では、他の子と比べるのではなく、我が子の様子をつぶさに見て、成長や異変に気づくように注力しています。また、自分のことも大切にする子どもに育ってほしいので、褒めるときはしっかり褒めるようにしています。

「この前まで怖がっていたのに、ブランコ楽しく乗れるようになったね！」

「友達にやさしくおもちゃを貸せたね！」

「にんじんをひと口食べられたね！」

ちょっとしたことでも、大げさなくらい褒めてあげるんです。本人の自信に満ちた表情を見ていると、私もとってもうれしくなります。

スキンシップも、そんな「褒めポイント」を見つける良いきっかけになります。

「おててが大きくなったね！」

「ぷにぷにほっぺ大好きだよ」

どんなに忙しくても、肌をふれあいながら楽しくコミュニケーションを取る時間はしっかり取るようにしています。

私はシングルマザーなので、時々「父親がいればもっとアクティブな遊びができるのかな……」なんて思うときもあります。でも、子どもを失うかもという恐怖を経験した今、よそはよそ、うちはうちの精神が確立しました。

今、私なりに最大限の愛情を注ぎながら、子どもがいつも笑顔でいられるようにできる限りのことをしてあげたいと思っています。

マイルール
子育て編4

我が子の〝やりたい〟という意志を大事にできる親になる

常に我が子へのアンテナを張り、子どもにはやりたいことをやってほしいし、見つけてほしい。それをサポートできる親になろう

子どもには、いろいろなことを経験して可能性を広げてほしい。

でも、だからといって親がいろいろ手出ししたり、レールを敷いたりする必要はなく、何より「何をやりたいか」という本人の意思を尊重すべきだと思っています。

私は今、子育ても仕事も、自分のやりたいことができていてとても幸せです。過去の選択に後悔はありません。けれど、ときどき思うんです。もし、幼い頃、もっと自分の「やりたい」を優先していたら、違う人生が待っていたんじゃないか……って。

水泳、ピアノ、合唱……親からすすめられてたくさん習いごとをしてきました。でも、もし自分が本当に「やりたい」と思う習いごとをしていたら？

「音楽の道」へ進みたいと思っていた中学時代。

「音楽よりも勉強を」という親の期待や自分の体が不調だったこともあってあきらめましたが、あのときもし、自分の思いを貫いて進んでいたら、どんな人生が待ち受けていたんだろう？

たら・ればの話をしてもしょうがないのですが、たまに自分の人生を振り返るときにそんな感傷に浸ってしまいます。

自分の「やりたい」をきちんと選択できたことなら、こんなふうに思わないのかもしれません。もちろん、いろんな習い事をさせてくれた親には感謝しています。でも、そんな経験をしたからこそ、息子には、自分のやりたいことをたくさん見つけて、自らやることを選びとっていく人生を送ってもらいたいなと考えています。そのために、私はいつでも息子の興味・関心にアンテナを張って、どんな選択でも言下に否定せず、聞く耳を持てる親、全力で応援できる親でいたいなと思っています。

マイルール
子育て編5

子育ては長いマラソン。だからこそ、休みながらゆっくりと

一人相撲は自分を消耗させるだけ。深夜まで悶々と考えるなら、いっそのこと子どもと一緒に寝て英気を養うほうが得策

息子が生まれたばかりの頃は、大変すぎて「こんな生活、いつまで続くの……」と悲観的になることもありましたが、成長とともにだいぶ手がかからなくなってきて、ポジティブマインドが戻ってきました。

子どもの成長って本当にあっという間です。

とはいえ、まだまだしばらくは親のサポートが必要。高校生まで？　いやいや、成人するまで？

いつまでかはわかりませんが、ずっと全速力で走っていたら疲れて息切れしてしまいます。子育ては途中棄権などはないので、走り続けないといけませんが、ペース配分は大切です。

そのためには、周りの助けを借りるのも手です。もしくは「たまには、外食にしよっか！」なんて手抜きももちろんアリです。休み休み、ゆっくりと息子との時間を過ごしていければと思っています。

また、子育てという長いマラソンを走り抜くには、自分のコンディションの管理も大事だと感じています。食事や運動、睡眠に気をつけて健康でいることはもちろんですが、やはり、メンタルヘルスには気を配りたいと考えています。

人って、夜中になるとすごくネガティブになったり、思いもよらないような決断をしたりしませんか？　私は、夜中はポジティブな考えになりにくいと感じていて、他人の芝生が青く見

えるようなものは見聞きしないようにしています。

今、特に注意すべきだと感じているのはＳＮＳです。

ＳＮＳは、私にとっては仕事の場であり、自分のことを発信してファンの方とつながれる大切な場所でもあります。ですが、人より多くＳＮＳを見る機会が多い分、その怖さも実感しています。なので、私はＳＮＳに感情移入はせず「へーそうなんだー、ふーん」といった具合にただ眺めるだけにとどめています。

「同じママなのに、この人はキラキラしていて素敵だな」「参考にしたいな」くらいの距離感で見られるのなら、まだいいと思います。

でも、「羨ましすぎてモヤモヤする」「あんなふうにキレイになれない自分はダメな人間だ……」なんて嫉妬や自己嫌悪を抱いてしまうようなら、ＳＮＳから意識的に離れた方がいいでしょう。

また、ＳＮＳが仕事の場でありながらこんなことを言うのもアレなんですが……。

一個人としては、ＳＮＳにはベストマッチな正解も、明確なアンサーもないと思っています。本気で悩んでいるときは、専門家や、その道のプロに聞くのが一番早いと思うからです。と言ってしまうと身も蓋もない……と思われるかもしれまんね（汗）

でも子育てってイレギュラーの連続で、臨機応変さが求められるもの。だから、専門書や誰かの子育て論というのは、知識として持っていてはいいけど、必ずしも我が子に当てはまるものではない、という一歩引いた位置から見るスタンスが大事だと思っています。

特に、夜中のSNSは自己肯定感を下げる大敵！　ラスボス級の破壊力があります。子どもが寝てからスマホを開く方も多いと思いますが、夜は副交感神経が優位になって感傷的になりやすいといわれています。一人悶々とするくらいなら、スマホは見ないで子どもと一緒に寝た方がよっぽどメンタルヘルス的には健全だと思います。

私は、SNSはできるだけ日中に見て、息子の前ではパソコンやスマホを極力開かないと決めています。もちろん、仕事によっては息子の前でもパソコンやスマホと向かい合うこともしばしば。でも、そんなときは「ママ、少しお仕事してもいい？」と息子に了解をとっています。そして、仕事を終えたら、思いっきり息子とコミュニケーションを取るようにしています。

そうやってSNSやスマホにのめり込まないように、SNSをはけ口にしないように、自分を見失わないようにすることは、とても大切だと思います。

仕事編

仕事に追われちゃいけない。仕事は楽しむものだから。

仕事を自分らしくいるためのエッセンスに変えて、もっと人生をHappyに

マイルール
仕事編1

身を粉にして朝から晩まで働くあなたのその自己犠牲、本当に必要？

ギブとテイクは丁度いい塩梅・配分で。与えすぎやもらいすぎは人間関係を複雑にする

ありがたいことに今、私はとてもハッピーな環境で仕事ができており、ご縁に恵まれた嬉しい循環・輪の中にいます。私のやりたいことやできることを提供した結果、相手が喜んでくれたり、評価してくれたりする。

まさに〝ギブアンドテイク〟な状況にとてもやりがいを感じています。

そんな私の元には、子育てのほかにも、仕事や対人関係で悩んでいる方からの相談メッセージがよく届きます。

「一生懸命働いているけど、やりがいがなくて空虚な気持ちになる……」

「忙しすぎて辛い……」

「仕事に行きたくない……」

あなたがもしそう思ってしまうのなら、あなたからのギブが多めで、テイクが見合っていないのかもしれません。自分を犠牲にしすぎているその状況、本当に必要だろうか？　と自問自答することも大切です。

まずは、自分の優先順位を考えてみましょう！　私の場合は、子ども↓自分↓仕事↓プライベートの順番です。だけど、実は、どれも全力で頑張りたいと思って取り組んでいます。欲張りかもしれないけど、どれも両立させたい。そう思って仕事をしてきた結果、気づいたら自分がのぞむ働き方ができていました。

もちろん、ここまで来るのには、周りのサポートがなければ厳しかったことでしょう。常に

感謝の気持ちでいっぱいだけど、ほんのちょっとだけ、ドヤ顔で言わせていただいてもいいですか？　やっぱり、ブレない自分軸を持っているのって強いと思います。私は、いつも、自分が本当にやりたい仕事、働き方、生き方を自ら選択してきましたし、それをブレずに貫いてきました。その取り組む姿勢・本気度が伝播した結果じゃないかな……と思っています。

話は戻りますが、優先順位をつけたなら、次はその優先順位にあった時間・労力の使い方をしていきましょう。辛い現状の中、なんとか耐えて頑張っている方が多いと思いますが、その現状を打破するのも、優先度の高いことに取り組むのも、その采配は、自分しかできません。

例えば、会社に行くのが辛いなら、社内の人に相談してみるとか、働き方を交渉してみるとか、色々あると思いますが、それでもダメならその時になって転職を考えてみましょう。見切り発車で行動しても後悔ばかりがつきまとってきます。思い切って今の環境を変えるのは色々と策を講じてみてからでも遅くはないと思うんです。

ちなみに私は、会社員時代、子育てしながらのフルタイムの勤務がきつくて、思い切って時短勤務を上司に申し出たことがあります。すると、上司からは「子育てがよくわかっていなかったから、言ってくれてよかった」と感謝されたことがあります。現状を変えたければ、まずは自分が行動することが大事なんだ……と、改めて実感した出来事でした。

よりハッピーに、笑顔に日々を過ごす上で「もっと自分に合った仕事や働き方があるかも？」と感じることは普通ですし、とても大切です。もっと自分に合った仕事や働き方ができるよう、常にアンテナを張りながら行動すれば、きっと幸運の女神は微笑むと思います。

世間の常識や周りの声は関係ありません。仕事も人生も、いつも「自分」を軸にして考えていきましょう！

マイルール
仕事編2

仕事をお金だけで判断するのはナンセンス

大切なのはあなたがどう思っているのか。あなたはどうなれば「幸せ」「満足」と感じますか？

「こんなに働いているのに、給料が低すぎる」

「これしか稼げないなら、仕事をする意味がない」

など、仕事をお金のみで評価している方は多いと思います。

もちろん、生活のためにお金は大事です。お金がなければ子育てもできませんし、自分を慈しむこともままならなくなります。でも、誤解を恐れずに言えば、それだけじゃない、と私は思うんです。

私はフリーランスなので、会社員と違って報酬は仕事内容によってまちまちです。同じような仕事でも、クライアントやプロジェクトの規模などによって変動することもざらです。

それでも、私は今、一つひとつの仕事に対して充実感や幸福感を得ています。仕事の一つひとつが私にとって「心から楽しめること」であることも大きいですが、なにより「私だからできること」というやりがい・達成感が幸福度を上げているのだと思います。

他の誰でもない〝蒼川愛〟という人間を信頼して、仕事を任せてくださる。だからこそ「できる限り良い仕事をして貢献したい」と思うし、責任とともにやりがいや楽しさも感じています。また、そうした仕事をやりとげるたびに、自信も積み重なっていきます。

偉ぶっているわけではないのですが、今「お金だけで仕事を選んでしまうなんてもったいない！　もっと得られるものがあるはず！」と心から思うようになりました。

お金も評価の一つなのは間違いないですが、それがすべてではないと思うんです。

「自分がこの仕事を楽しめるかどうか、達成感や満足感が得られるかどうか」も大事だと思えるようになりました。会社員だとすべての仕事が楽しいなんて思えないかもしれませんが、でもきっと会社員だからこそできる経験もあるはずです。

そういうポジティブな考えで取り組むと、つまらないと感じていた業務にも意味を見出だせるような気がします。なので、ぜひそこにも目を向けてもらえたらと思います！

マイルール
仕事編3

認められたい！なら、まずはあなた自身が自分と周りを認めよう

自分と相手を認めることでお互いに自信がつき、理解が深まる。それが、コミュニケーションだし、信頼だと思う

「お金のためじゃなければ、何のために働くの？」そう聞かれれば、私は迷わず「自分で自分を認めてあげるため」と答えます。

幼い頃からずっと自分が嫌いで、自信もなかった私。そんな私が『バチェラー・ジャパン』シーズン1に参加したことで、少しだけ自分に自信がつくようになりました。とはいえ、20代前半の私は「自分は何者で、どうなりたいのか？」がわからないまま生きてきました。

でも、そんな曖昧な日々が激変したのは、母親になってからです。息子が生まれてからは「息子に誇れるよう、かけがえのない自分を認めてあげられる人間になりたい」と心から思うようになりました。なぜなら、息子には、自分が嫌い……なんて思い悩んでほしくないからです。冒頭からの私の考えと少し矛盾しているかもしれませんが、正直な話、やっぱり、我が子には避けられる苦労ならば避けてほしいんです。

さて「かけがえのない自分を認めてあげられる人間になりたい」と決意してから、大きな力になったのが、大学時代から続けてきたインフルエンサーの仕事です。SNSは自分自身を表現し、反映させられる場です。発信に対する反応をリアルタイムで受け取ったり、応援してくださるファンのみなさんの存在を感じたりすることで「私は私でいいんだ！　何者でもない、ありのままの、ただの蒼川愛でいいんだ」と、地に足がついた感覚が得られました。

若い頃の私は、自分ではなく誰かに認めてほしい気持ちが強くて、もしかしたら色々な蒼川

愛を演じていたのかもしれません。それがかえって自分を見失うことを助長させていたような気もしています。

自分を認めてあげられるのは、自分だけ。

それがわかってからは、働くのも、生きるのも、本当に楽になりましたし、日々が楽しくなりました。

もちろん仕事をする目的は人によってそれぞれ違います。でも、もし昔の私みたいにモヤモヤしているのであれば、今の仕事や働き方で「自分を認めてあげられているかな？」と聞いてあげてみてください。自分との対話、それが自分軸を形成する第一歩です！

マイルール
仕事編4

何でもかんでも抱えてたらつぶれちゃう。仕事は役割分担で効率よく！

スーパーウーマンもセーラームーンも、頼れる仲間を持っている。特別な力はないけど、コミュニケーションで頼り・頼られる関係は作れる

私は、子育ても仕事も困ったときは躊躇《ちゅうちょ》なく誰かに頼ります。

大人になるほど、そして責任感の強い人ほど、人に頼ることを遠慮してしまいがち。でも「どうしよう……」と一人でウジウジ悩んでいても、良い解決策って案外浮かんでこないものなんですよね。

それに、何でもかんでも一人で抱えこんで身体や心の負担が大きくなると、仕事だけでなくいろんなことがうまくいかなくなってしまいます。

「自分の責任を果たさなくては……」とつい肩に力が入ってしまう人は多いと思いますが、どんな仕事でも、一人きりでできることって案外少ないものです。

それなら任せるところは任せて、自分は「ここだけ頑張る」にした方が、結局みんなハッピーな気がするんですよね。

それに、女性って仕事以外にもたくさん大切にしたいことがありますよね。子育て、介護、趣味、自分磨き……などなど。

一度きりの人生、元気に楽しく過ごすためにも、頼れるものは遠慮なく頼って、自分のパワーや時間をコントロールすることってとても大切だと思うんです。

それも人生の大事な仕事の一つ。毎日楽しく、笑顔で過ごすためにも、もう少し周りに頼る処世術を身につけましょう！

マイルール
仕事編5

仕事のミスは仕事の時間内に解決&消化することが大事！

時間外に持ち越せば、それだけ家族やパートナーと過ごす時間が減って、アンハッピーに

どの業界でもいえることですが、仕事をしていると、ときにうまくいかないことやミスしてしまうことってありますよね。

みなさんは、そんなとき、どう対処していますか？

気分が落ち込んだり、会話をシャットアウトしたり、人の親切が大きなお世話に感じたり、家族に愚痴ったり……するのかもしれませんね。

実は、私の場合、うまくいかなくても、ウジウジと悩んだり、ガックリ落ち込んだり……といったことがあまりないんです。どちらかというと、思い悩むよりも先に「何が原因なんだろう？」「どこを直せばいいのかな？」と考えるようにしています。

とはいえ、仕事で失敗したことを自分で解決できればベストですが、そうじゃないことの方が多いもの。それで落ち込んで業務が滞るくらいなら、早めに誰かを頼って解決させる方が効率的だと思っています。

例えば、私がもしミスをしてしまったら、すぐに取引先の方に相談したり、アドバイスをいただいたりして、早急に軌道修正するように心がけています。

「悪いことこそすぐ報告」することが大事だと思っているからです。そして、たとえミスを犯してしまったとしても、仕事の時間外には持ち出さないようにしています。

というのも、問題やモヤモヤを仕事の時間外まで持ち越すと、それだけ家族やパートナーと過ごしたり、自分のために使えたりする時間が減ってしまうからです。そうなると、さらにア

ンハッピーになって余計に辛い状況に……。そんなのもったいないですよね。

とはいえ、感情はどうにもコントロールしにくいもの。私も、ときにはミスしたことが尾を引くこともあります。そんなときの一番の特効薬は、思いの丈を思いっきり吐き出すこと！私は、母親に電話して「こんなことがあったんだ」と話したいだけ話すようにしています。もしくはノートなどに書きなぐります。そうすると、たいていのモヤモヤは晴れていきますし、スッキリします。

仕事の守秘義務上、詳しいことは言えなくても、モヤモヤした気持ちを一人で抱えない。これを徹底してから、仕事も楽しめるようになりました。

マイルール
仕事編6

仕事に役立つスキルアップも大事。だけど、あなたが楽しく仕事ができるほうがもっと大事！

「自分のため」に加えて「人のため」にできることが増えたら、仕事はもっと楽しくなる

私は仕事をする上で、自分が楽しめているかどうかや、自分を認めることも大事、とお伝えしてきました。

でも、実は最近「誰かのため」も加わりつつあります。なぜなら長年仕事を続けてきて、その方がもっと仕事が楽しくなると気づいたから。

受けた仕事をきちんと完了する、結果を出すのは当たり前のこと。でも、それにプラスして、クライアントの期待値を超える結果を出せば、より喜んでもらえます。

例えば、商品ＰＲの仕事なら、依頼通りに宣伝するだけでなく、私の経験や知識を踏まえて「こうすればもっと喜んでもらえるかも」というアイデアをはじめ、私が商品に感じている愛や熱量などをクライアントに積極的にお伝えするようにしています。

ちょっとしたことですが、クライアントから「それいいですね！」「そのアイデアのおかげで問い合わせが増えました！」など、満足の笑顔を見ると「お役に立てた」と手応えを感じます。なにより私もめちゃくちゃ嬉しいんですよね（笑）

そんなふうにお互い笑顔になれる仕事は、自ずと結果もついてくるもの。

「じゃあ次の案件もお願いします」と次のご縁につながることも多いんです。

そんな私ですが、仕事に直結するスキルはもちろんですが「誰かのためになる」スキルも身につけたいと思い、今後はマーケティングや写真の知識、スキルも磨いていきたいと意気込んでいます。

わたしだけの"好き"を、みつけよう。
SHE likes
#シーワークス #シーライクス

マイルール
仕事編7

オンとオフの切り替えは大事。敢えて仕事のことを考えない時間をとってリセット

実は仕事と関係ないプライベートな時間にこそ、ビジネスチャンスは転がっているもの

仕事とプライベートの切り替えは、簡単そうに見えて意外と難しいもの。特に、私のようなフリーランスという働き方は、勤務時間が決まっていません。たくさんの案件を抱えて忙しいときなど、やろうと思えばいつまででも働けてしまうので、オン・オフの切り替えの難しさを感じることはあります。

でも〝オン・オフが切り替えられない〟ってあんまりよくないんです。

例えば仕事やプライベートで落ち込むことがあったとき、オン・オフの境界線があいまいだと、ネガティブな気持ちを引きずってしまいどちらにも悪影響が出てしまいます。それに、切り替えができないと育児も家事も仕事も一緒くたになって、いつか全てがおざなりになっていくかもしれない……と危機感もあります。

そこで私は、1日の中の数時間でもいいので、敢えて一切仕事のことを考えない「オフ」の時間を強制的につくるようにしました。

子どもと公園で思い切り遊んだり、美容クリニックやサロンに行って自分磨きをしたり。ただただ自分の好きなこと、やりたいことをして自由に過ごす時間は、本当に楽しくて、心も体もすごくリフレッシュします。

それに少し矛盾するかもしれませんが、実はこうした時間にこそ、仕事のヒントが転がっている場合もあります。大はしゃぎで遊んでいる息子を見て「カッコよくて動きやすい子ども服を作ったらママさんに喜ばれそう！」とか、美容クリニックに行ったときにふと「美容カウン

セラーの勉強をしたら、もっと役立つ情報を届けられるかも！」など。
結局、仕事も大好きなので「考えない」とはいえ、頭の片隅にはいつもあるんですよね（笑）
でも、ビジネスチャンスって案外そういう何気ないところに転がっているもの。
そうやって、肩の力を思い切り抜く時間は、仕事の能率や効率を上げてくれるので、大切だなと感じています。

マイルール
仕事編8

シングルマザーだからこそ、子どもと過ごす時間をしっかり作る

子どものために昼夜問わず働くことも大切だけど、子どもとコミュニケーションがとれなければ本末転倒

私は、インフルエンサーやモデルなどの仕事をしていますが、子育ても仕事もどちらも大好きです。でも、今の優先順位は、子育てがダントツ1位。もちろん子育てにはお金が必要だし、私は一家の大黒柱でもあるから、仕事はマストではあります。ですが、稼がなければならないとはいえ、完全な「仕事人間」にはなりたくないと考えています。

というのも、子どものためにハードに働きすぎて、子どもと過ごす時間が削られてしまうのは本末転倒だと思っているからです。それは、私がのぞむ「自分で自分を認めてあげられる仕事」ではありません。

仕事も子育ても両立できていて、もっと言えば自分を大切にできる時間もある。わがままかもしれないけど、そんな自分でいたいんです。

そのためには、「時間」「収入」「何でも引き受けられる自分」など、何かをあきらめるのも大切。どれも100%完璧にこなすなんて、魔法使いでもない限り無理ですから。

子どもが小さいうちは子育て優先が当たり前だと考えています。我が子の成長は嬉しい反面、もっとゆっくり大きくなっていいんだよ……と寂しい気持ちもあります。成人するまでの長いようで短い期間の中、たとえ何かをあきらめることになっても、それは決して自分ができない・無能というわけではなく、あくまでも「今はそういう時期だから」というだけです。

なにより、子どもには、ママって仕事の姿だけじゃなくて、いろんな顔があるんだな……といった具合に、「ママ」という人間をたくさん知ってもらいたいなと思っています。

人付き合い編

女にとって同性は
敵にも味方にもなる存在。
そんな女の人生を謳歌するための
人間関係構築ルール

〝女の敵は女〟
でもここぞというときに
味方になってくれるのは、
やっぱり女友達

マイルール
人付き合い編1

シングルマザーだからといって無理にママ友を作る必要なし！

気の合う友人は無理につくらなくていい。自然といっしょにいる人だけでいい

私は、嫌いな人や苦手な人があまりいません。そういうと結構驚かれてしまうのですが、それは私が聖人君子と言っているわけではありません。私という人間は、広く浅い人間関係を好まず「本当に気の合う友達だけいればいい」と思っている節があります。

気の合う友達は、意識しなくても気づけば一緒にいるもの。だから、気が合わない人とはそもそもあまり出会わないし、つるまないんです。

そんな私も、10年に1度くらいは、「ん？　この人とは合わないかも……」という人に遭遇します。そんなときは「自然消滅」が一番。そっと距離を取り、離れていきます。距離をとるポイントは「3回我慢が続いたら関係を見直す」というシンプルなもの。

昔、こんなことがありました。

大事な友人に「この話は言わないで」と前置きをした上で悩みや秘密を打ち明けていたところ、当の本人が周りの友人にバラしていたのです……。「彼女だから打ち明けたのに……」とショックでしたが、実はそれまでも同じようなことが2回ほど続いていたんです。まぁ、内緒だよという話は結構広まってしまうものではありますが……。

とはいえ、〝仏の顔も三度まで〟。この出来事を機に「彼女とは深く付き合わない」と決めました。相手の性格は変えられないから、自分が付き合い方のスタンスを変える。それだけで気持ちが楽になりましたし、自然と疎遠にもなっていきました。

人間関係で重視するのも、子育てや仕事と同じで「自分がどう思うか」に尽きます。特にマ

マさんは「ママ友を作らなきゃ！」と焦る方もいるかもしれませんが、その友達でストレスを溜めてないですか？　そこまでして無理につくる必要はないと私は思っています。

マイルール
人付き合い編2

羨ましいは妬ましいと表裏一体。キラキラ投稿のSNSはそっとミュート

メールやチャットのテキストでは、気持ちまで読み取れないし、汲み取れない

自分にないものを持っている人は、どうしたって憧れてしまうもの。でも度が過ぎると、妬みやひがみ、自己嫌悪……など、ネガティブな感情に変わることもあります。

今の私は「人は人」と割り切ってしまえるけど、昔の私は人と比べて嫉妬してしまうことも多々ありました。

そんなときに使っていたのが、羨ましい人を強制的に「見えない」状態にすること。ツイッターやインスタグラムのミュート機能を使えば、特定の人の投稿はタイムラインに表示されなくなるので、自然と目に入りにくくなります。

とは言え、仲の良い友達だとミュートも難しいですよね。それに本来なら、友達のポジティブな投稿や幸せな報告は笑顔で喜んであげるべきもののはず。

「ちょっと素直に喜べないかも……」というときは、今あなたが何らかの原因で辛い状況にあるか、もしくは自信を失っているときなのかもしれません。

そんなときは仕方ないと割り切って、まずは自分の心を癒しましょう。私は、そういう負の感情が湧いてきたらSNSから距離を置き「私は私でいいんだ」と思えるくらい自分磨きを頑張っちゃいます。自分をワンランク上げるチャンスだと捉えるようにすると、だいぶ生きやすくなりますよ。

マイルール
人付き合い編3

人間関係において100%なんて目指さなくてOK

人に過度な期待を持ちそうになったら、まずは自分にご褒美をあげてその期待が妥当か見つめ直して

仕事や子育てのように、人間関係も100%完璧なものなんてありません。当たり前ですが、自分に合う人もいれば合わない人もいます。自分のことを好きになってくれる人もいれば、嫌いになる人だっています。

それは友達だけじゃなく、家族間であっても同じ。合わないなら、適度な距離感で接する、会うときは他の家族にも同席してもらう……など「合わないなりの付き合い方」ってあるんですよね。

大事なのは、相手に合わせすぎたり、自分を偽ったり、大きく見せたりしないこと。いつもありのままでいる意識も、人間関係を楽にするポイントだと思っています。

〝類は友を呼ぶ〟ではありませんが、私自身、自然体でいるスタンスを崩さなかったら、不思議と自分が心地よくいられる人が周りにいてくれるようになりました。

私の場合は、シングルママさんや、SNSを仕事にしている方など、共通点が多くて、お互いのバックグラウンドに共感できる人が多い感じです。

もちろん、ライフステージが変わっていけば、それに応じて人間関係もどんどん変わっていくでしょう。でも「気の合う人と仲良くしたい」「ありのままでいる」といった、自分のスタンスは変わらずに持っていたいなと思っています。

マイルール
人付き合い編4

友達に固執する必要なし！
一人で楽しめる自分軸のある
女性がかっこいい

人間関係構築に過度な労力をかける必要はない

友達はいたら楽しいし「いてくれてよかった！」ということもあるけど、いないから人生がつまらないというわけでもありません。これも「自分の感じ方」次第なのかなと思います。

私は、常々、一人でいても、誰といても、自分が楽しく機嫌よくいられる術を知っている人は最強で、かっこいいなと思っています。願わくば、そういう人になりたいとも思っています。そのためにはやはり、自分自身をよく理解して認めてあげて「私は私でいい」という軸をしっかりつくることが大切だといつも感じています。

それに、年齢を重ねてくると「友達」が人生に占めるウエイトはどうしても低いですよね。学生の時とは違って社会人やママになれば、仕事や子育てなど新しい要素も増えます。だから、友人関係の構築にパワーを使いすぎる必要はないと考えています。

それよりも大事なのは「もっと、もっと自分を知って、自分を好きになる」ことではないでしょうか？　とはいえ、そう頭ではわかっていても、街中やカフェで友人同士楽しそうにしている女子を見かけると「いいなぁ」と思うときもあります。

まだまだ一人を楽しめる自分をつくるのに苦労する部分はありますが、それでも、昔に比べると自分の行動や言動に意識を持ち、他人のことは一歩引いた位置から見られるようになったかなと思います。

少しずつ自分軸ができてきた気がしていますし、もっと確固たる自分軸が確立した暁には、また新たな自分に出会える……そう考えると、改めて人生が楽しくなってきます。

私の経験が、みなさんにそっくりそのまま当てはまるわけではないですが、少しでも参考になればうれしいです。

自分磨き編

私を輝かせるのも、
私を愛せるのも私自身。

自己プロデュース力を磨いて
自己肯定感を爆上げしましょう。

マイルール
自分磨き編1

まずは自らを客観視することが魅力アップの近道

自己満の〝完璧主義〟が私を自分嫌いの無限ループに落としていた

私は子どもの頃から、少し完璧主義なところがありました。

自分が嫌いな分だけ、習いごとも勉強も、食事や美容も「何事も完璧にしなければ」という思いが強く出ていたのかもしれません。

もちろん、高いレベルを目指すのは、決して悪いことではありません。ただ、その向上心も度が過ぎると「完璧な自分ほど素晴らしくて、落ち度がある自分はダメ」と極端な考えになりがちです。私の場合、そのせいで自分嫌いに拍車がかかっていた気がします。ですがよくよく考えてみると「完璧」なんて自分が勝手に思っているだけのことで、人や状況によってもベストな状態は違います。つまり、ただの自己満足なんです。

親になってみて、本当にそれを痛感しました。子育て中は、とてもじゃないけど完璧は無理です。毎日ぬかりなくスキンケアやメイクをして、ネイルやエステに通って……なんてセレブじゃなければ無理！　おしゃれな服やメイクより、子どもと一緒に動くためにはラフな服、ナチュラルメイクが最適解のときだってあるんですよね。

自己満足の完璧主義に固執せず、もっと客観的に「今の私にとってのベスト」を考えるようにしたら、肩の荷が降りました。

もちろん撮影など自分を最大限キレイに見せたい勝負の日は、ちょっと頑張って気合いを入れます。常に完璧を目指すより「ゆるめの自分」も「パリッとした自分」も、どちらの自分も「いいね！」と認める。そうしたメリハリが、自分磨きには大事かなと思っています。

マイルール
自分磨き編2

美容と健康には良質な睡眠が欠かせない！

睡眠不足は思っている以上に自分をブスに作り上げる。メンタルもやられるから一利なし！

みなさんは、一日にどれくらいの睡眠を取っていますか？

私は、どちらかというとロングスリーパーで、平均7時間、ときには10時間ほど寝ることも（笑）

というのも、高校生のとき母と決めた「夜12時までには絶対に寝る」というルールを今も守っているからです。出産を機にさらに大事にするようになり、どんなことがあっても大抵は日付が変わるまでにベッドへ入る習慣がついています。

普段から体調を崩したり、お肌のトラブルに悩まされたりすることがあまりないのは、この習慣を続けているからかもしれません。逆に「何かメイクのノリが悪いかも……」「ちょっと具合悪いな」と感じるときは、めずらしく夜更かしが続いているなど睡眠が不足しているとき。

そんなときはとにかく寝る！

するとほとんどの問題は回復できます。本当に体ってわかりやすいなと思いますし、どんなサプリやスキンケアよりも睡眠の力は最強だなと実感しています。

とはいえ、子どもがいると朝にのんびり寝るのは至難の業。睡眠をしっかり取りたいときは、夜、子どもを寝かしつけるときに自分も一緒に寝てしまうようにしています。

また、「寝る環境」を整えるのもマイルールの一つ。最近、パジャマから寝具まで肌ざわりのよいオーガニックコットンでそろえたら、格段に睡眠の質がよくなり、寝つきや寝起きがスムーズになりました。睡眠の質が悪いと感じている方は、寝具を見直してみるのもアリですよ！

マイルール
自分磨き編3

手っ取り早く美意識を爆上げしたいならデパートに行こう！

デパコスを怖がる必要なし！　アドバイスを受けにいく感覚でOK！

「メイクやファッションがマンネリ化して、自分に合うものがわからない」

そんなときは、デパートに行くと良いヒントが見つかるかもしれません。化粧品売り場のディスプレイやアパレルショップのマネキンは、今のトレンドを知る絶好の教科書だと思うからです。

「このリップ、色も素敵だし可愛い！」「あんなファッションしてみたい！」など、自分の中に〝トキメキ〟があったら美意識が高まっている証拠。心動くままにいろいろ試してみると「あ、私ってこういうのも似合うんだ」なんて発見もあるはずです。

とはいえ、化粧品売り場のカウンターに苦手意識を持っている方は多いもの。ですが、怖がる必要はありません！　美容部員さんは美容のプロなので、アドバイスを受けにいく感覚で行ってみてください。ファンデの塗り方から色選びまで、プロから学ぶことはすごく多いです。意外と押し売りもされないものですよ（笑）

洋服も同様です。

「このシャツには、どんなボトムスが合いますか？」など気になることは聞いてみると、いろいろと教えてもらえます。自分と似ている体型の店員さんのコーディネートを見るのもとても勉強になりますよ。

とはいえ、デパートのものはやっぱり良いお値段がしますよね。でも、プチプラの服やコスメはお値段は魅力的ですが、結局使わなくなることも多くないですか？　デパートのものは全体的に値段が高くても、生地がよかったり、プロの意見が聞けたりする分、満足度や納得度の高い買い物ができて、結局コスパが良い気がします。定期的なデパート通いも、ぜひマイルールに入れてみてくださいね。

マイルール
自分磨き編4

アスリートばりの運動は必要なし！ちょこちょこできる〝ながら運動〟を続けることが体型維持の近道！

体型維持や運動習慣を付けるには、長く続く運動をすることが大事！

インスタグラムを見てくださっている方はご存じだと思うのですが、私は今、定期的にジムに通っています。

もともとは産後、ボディラインの変化に悩んだことをきっかけにダイエットや運動に力を入れるようになりました。子どもを産むまでは、少し食事制限すればすぐに体重が落ちていたのに、年齢もあるのかもしれませんが、明らかに痩せにくくなったと実感したんです。

いろいろなことを試しましたが、極端な食事制限は拒食症の実体験もさることながら、リバウンドしやすくなり、かえって逆効果だと感じています。さらに運動は昔から苦手なので、何をやっても全然続きませんでした。

そんな中、SNSで見つけたのがマシンを使ったピラティス。やってみるとそんなにハードな動きではないのに、普段使っていない筋肉や体幹にしっかり効いて、ボディラインにも少しずつですが、変化が出てきました。

ジムに行くのは週に1回。少ないかもしれませんが、無理のないペースだからこそ楽しく続けられているのかも。お気に入りのトレーニングウエアを着て汗を流す時間は、インスタグラマーでもなく母でもない、ただの〝蒼川愛〟になれる息抜きの時間にもなっています。

鍛え始めてからは、お風呂上がりにストレッチをしたり、なるべく階段を使ったり、日常生活でも体を動かすことを意識するようになりました。理想の体型にはまだまだですが、楽しみながらコツコツ理想の自分をつくっていきたいなと思っています。

マイルール
自分磨き編5

私らしさを引き出すには
マイ・ルーティンを作ることが大事

他の誰かじゃない、あくまでも自分にあったルーティンを作ろう

私は、美容とファッションに関していくつかルーティンを持っています。

例えば、リップやファンデーションなどのメイク用品はさまざまなメーカー、色をそろえていて、季節や洋服、肌のコンディションに合わせるのがルーティンの一つ。鏡を見たり、スマホで写真を撮ってみたりして、そのときの自分が一番映えるもの、可愛く映るものを選びます。

もう一つ、スキンケア用品を季節ごとに変えるのもルーティンです。夏は皮脂が多くなったり冬は乾燥しやすかったりしますし、加齢によっても肌の状態は変わります。いつでもベストな状態を保つために、やはりそのときの自分に合わせて毎年見直しています。

そして最近特にこだわっているのが靴。

私の足は甲が狭めで、ぴったりの靴を探すのがなかなか難しいんです。適当に買ってしまうと後悔するので「これは絶対自分に似合う！」と自分がトキメいた靴だけ、シーズンごとに買うようにしています。

ヨーロッパには「素敵な靴が幸せを運んでくる」と言い伝えがあるのだとか。本当にその通りだなって思うことが多く、毎日履く靴がお気に入りの一足だと、1日ハッピーでいられる気がするんです。

とはいえ、流行には敏感でいたいもの。でも、それが必ずしも自分に合うとは限りません。去年の自分と今年の自分もきっと違う。他の誰でもない今の自分をキレイに見せてくれるものを選べるよう、自分だけのルーティンを持つことはとても大事だなと感じています。

自己肯定感を上げるマイ・ルーティン1

マイカラーと勝負カラーの違いを知っておこう

みなさんにもきっと、好きな色ってあると思います。バッグや洋服、あるいはスマートフォンなど自分が着る物や持ち物は好きな色でコーディネート。それもテンションが上がっていいですよね。

私も自分の好きな色ばかり着ていた時期がありました。でもあるとき、普段全然着ないような色を着る機会があり「あれ？　私こういう色も意外と似合うのかな？」と思わぬ発見があったのです。気になった私は、早速、骨格診断・パーソナルカラー診断を専門にやっている方を訪ねました。すると私は、うすめのブルーやイエローが似合うことがわかったのです。反対に赤みがかったブラウンやオレンジは似合わないことがわかりました。

それからというもの、私はマイカラーで洋服を選ぶようにしました。周りの人たちからも「あいちゃん、ちょっと雰囲気変わった？」とか「めっちゃその色似合ってる！」とか言われるようになってなんだかうれしいやら、はずかしいやら。

また「お洋服が似たようなカラーばかりになってしまいませんか？」と聞かれることもあります。たしかにそういうところもありますが、敢えて似合わないカラーを選ぶ必要はないですよね。

もちろん、大事な仕事やデートのときなど自分に勇気がほしいときは勝負カラーを選ぶのもよいと思います。ただし、マイカラーと勝負カラーは必ずしもイコールではないってこと、ぜひ覚えておいてくださいね！

似合うメイクと流行りのメイクを知ろう！

一生懸命メイクをしているけど、イマイチ今っぽくない……。

服装は今どきのものなのに、顔だけがなんだか古くさく見える……。

みなさんもこんな悩みを持ったことはありませんか？　私はあります（笑）

25歳前後の頃でしょうか。学生の頃やっていたメイクをそのままていた時期がありました。そのときのメイクが一番自分が可愛く見えていたので、別に変えなくてもいいかな？　と思っていたんです。

だけど、メイクって本当にその年ごとにトレンドが変わります。2～3年メイクを変えないだけで、あっという間に流行遅れのメイクになってしまいます。そこでトレンドのメイクを学ぶべく、ネットや雑誌も見たのですが、やはり自分の情報収集力には限界があると感じました。

「やっぱりメイクを扱う専門店に行くのが一番なんだな」と思い、デパートや、ロフト、アットコスメのストアなどに通いました。通って見て感じたのは、メイク売り場を歩くだけでも意識が変わるってこと！

「今はこういうパレットが流行ってるんだな」「この色きれいだから試してみようかな」と思うだけではなく、美容部員さんからいただくリアルなアドバイスやトレンド情報がなにより参考になります。

ついついメイクは独学になってしまいがちですが、美容部員さんのリアルなアドバイスを聞くのってとっても大切です。ときにはメイク売り場に出かけて、自分に似合うメイクを探しにいきましょう！

自己肯定感を上げるマイ・ルーティン3　今のあなたに合ったスキンケア法を知ろう

肌を褒めていただくことが多い私ですが、一時期肌の調子の悪さに悩んでいました。肌がキレイじゃないと気分も下がりますよね。

自己肯定感を上げるためにまず私がやったこと。それが「スキンケア」でした。特に私がスキンケアの重要性に気づいたのは、子どもを産んだ後。

それまでは、メイクを落とさず寝てしまったり、スキンケアをあまり真剣にやっていなかったりしたのですが、子どもを産んだ後、肌の質感が変わっていることに気づいて愕然としました。

おそらく年齢を重ねたことも影響しているのでしょう。

「このままじゃよくない！」と一念発起し、自分に合うスキンケアを探しました。ネットやSNSで情報を得たり、店頭で美容部員さんに聞いたりして、早めに対処したことが功を奏したのか、今はベストコンディションを保てています。子どもが大きくなり、少しだけ手を離れたせいかもしれません。

今では、息子に「この時間はママの大事なスキンケアの時間だから」と伝えて了解をもらっています。

肌は年齢だけではなく、季節によってもコンディションは全然違いますよね。温度も湿度も季節によって変わるわけですから、やはり季節に合わせたスキンケア法や化粧品を選ぶことはとても大事なことです。肌のノリがイマイチ……と感じたら、まずは今使っているスキンケアを見直してみる。それが美肌の近道かなと思います。

自分をご機嫌にするファッション・メイクを見つけよう！

みなさんは、どんな服をよく好んで着ていますか？

私は、もともと女の子らしく見えるキレイめな服が好きです。よくインスタグラムにもアップしているのでご存知の方も多いかもしれません。

あるとき、インスタグラム経由でフォロワーさんだったお洋服屋さんから「こんな服も似合うと思いますよ」とＤＭが届いたのです。

早速添付されていた画像を見てみると、そこには背中が大胆に開き、後ろに大きなリボンがついたミニ丈のワンピース。「きっとブーツと合わせて着たらすごくかわいいですよ」というコメントが添えられていました。

自分じゃまず選ばないワンピース。

「もうこの年になってこんな背中の開いたワンピース着れないよ〜」と思っていたものの「せっかくそう言ってくださったから着るだけ着てみようかな」と思い、早速着用した写真をインスタグラムにアップ。するとどうでしょう。

「あいさん、すごく素敵ですね！」というコメントが多く寄せられたのです。私はちょっとはずかしいやら、照れくさいやら。だけど、新たな自分の可能性に触れて、とてもうれしかったのです。

ずっと、自分をご機嫌にするのは「自分で選んだものだけ」と考えてきました。だけど、実は自分をご機嫌にするファッションやメイクは人から教えてもらうこともあるのだと知ったのです。

要は、柔軟性が大事ということ。みなさんも、日々自分で洋服を選んだり、メイクをしたりしていると思います。だけど、ときには周りの人からすすめられたもの、紹介してもらったものを取り入れてみるのも吉！　新たな自分の魅力を発見できるかもしれませんよ！

番外編　自分でできないケアは、美容医療やエステに頼るのも一つの手段

スキンケアにとにかく命をかけている私（笑）。

自分の肌を毎日触っていると、肌触りや質感のちょっとした変化にも気づくことがあります。ときには肌に吹き出物ができたり、くすみなどが目立ったりします。そういうときは、私はすぐに皮膚科に駆け込むようにしています。

もちろん日々のスキンケアは大事ですが、それでも対処できないことはあるもの。そこで無理にホームケアでなんとかしようとせず、美容医療やエステといった専門の方々にゆだねた方が、結果的に肌の負担も少なくなると私は思っています。また、自分の肌の状態をプロに見てもらい、アドバイスをいただくことで、その後のホームケアに活きることもあります。

美容医療やエステには抵抗がある……という方もいるかもしれませんが、本気で悩んでいるという方は、まず、カウンセリングなどを受けて話を聞いてみると、案外、有益な情報が得られるかもしれません。

恋愛編

恋する乙女は最強。
恋をして、より自分を
愛せるようになった。

最初の頃は、こんな私が恋をすると
辛いだけ……と思っていた。
でも、恋する女性はいくつになっても
美しく、キラキラ輝いている。

マイルール
恋愛1

恋愛せよ悩める乙女たち！

恋愛はままならないことばかり。でもそれが自分を見つめ直すきっかけに

「恋をすると女の子はキレイになれる」

周りの恋する女の子を見て本当にそう思います。

好きな人がいると、自分の美意識や健康に対するモチベーションは確実に上がります。『バチェラー・ジャパン』シーズン1に参加したこともある私自身は、365日いつも恋をしている恋愛体質ではありませんが、振り返ってみると恋愛は「なりたい自分になるために自信を持たせてくれる」重要なエッセンスだったなと感じています。

年齢を重ねるとともに恋愛の種類は変わってきました。仕事はもちろん、私には子育てがあるので若い頃のように「好き」だけで簡単に相手を選ぶことはできません。それがちょっと寂しいな……と思うこともあります。子どもが第一ですが「この人だ！」と思える人に出会えたら、迷わず恋をしたいと思ってはいます。シングルマザーだからとか、年齢を重ねているからとか、そういった理由のみで「恋愛をしてはいけない」なんてことはないと思います。

思い切りおしゃれをして、キレイでかわいくいたい！　けれど、仕事が忙しかったり、子育てで大変だったりするとなかなか時間が取れないし、いつまでも自分に自信が持てない。そんなふうに悩んでいる方は多いと思います。

私も子どもが生まれてから1歳くらいになるまでは子どもにかかりきりで、本当に自分のことが何もできない状態でした。毎日睡眠不足、肌や爪はボロボロ、美容院にも行けず髪はいつもボサボサ……。

鏡に映る自分を見るたびに憂鬱になり「シンママでもキレイな人はいるのに、どうして私だけこんなことに……」とネガティブ沼に一直線。

でも、子育てに慣れ、子どもの成長とともに徐々に自分に充てられる余裕が出てくると、明らかに自分が変わっていくのを感じました。

「自分のために」何かをして、キレイになったり、おしゃれになったりすることで、こんなにもポジティブになれて自分のことを愛せるんだと驚きました。

仕事が忙しいと「仕事のため」、子育てをしていると「子どものため」の方が優先されてしまいますよね。でも、それって都合よく理由づけているだけなのかもと思うこともあります。

おしゃれでいたいとは思いながらも、トレンドのものより「仕事で動きやすい無難な服」だったり、私なら「子どもと一緒に遊びやすい服」や「自転車に裾がひっかからないパンツ」「全速力で子どもを追いかけられるスニーカー」を手に取ってしまいます。

もちろんそれは、ビジネスパーソンとして必要なことだし、子育てをするママには機能性はとても大事なことだと思います。でも、心の中にある「もっとキレイになって自信を持ちたい」という気持ちも無視したくはないですよね。

そんなとき、背中を押してくれるものの一つが恋愛だと私は思っています。

もちろんキレイになるのは「自分のために」なのですが、そこに「好きな人にキレイって言われたい」という思いが加わると、「忙しくても頑張ろう！」と美へのモチベーションは確実に上がるからです。

肌や体は正直ですから、手をかけてあげればその分よくなっていきます。それが自信につながりますし、彼に「かわいいね」「お肌すべすべだね」なんて褒められたら、さらに頑張りたくなっちゃいます。とはいえ、

「恋愛していたら、子育てがおろそかになるんじゃない？」

……と思う方もいるかもしれません。でも、それは杞憂じゃないかなと思うんです。よい恋愛をして、どんどんキレイになって自信がつけば、ますますハッピーな状態になる人が多い印象だから。そうなると格段に気持ちに余裕が出てくるので、ちょっとやそっとのことではネガティブになりません。むしろ子どもに対しても、もっと優しくなれたり、寛大になれたりできるのではないかと感じています。もちろん、個人差はありますので、基本的には、子どもファーストで恋愛を検討してみてくださいね！

マイルール
恋愛2

「私には愛される価値がある」という魔法の言葉を自分でかけよう

他人の評価がもらえないときでも自己肯定感を高めたいなら。鏡を見て、自分を客観視しよう。キレイになったところを認めれば徐々に自己肯定感も上がっていく

恋愛は、自分に眠っている美人力を高めるエッセンス。

好きな人や彼から「可愛いね」「キレイだね」と言われることはたしかにうれしいもの。だけど、恋愛を通して自分を好きになれる、その効果の方がじつは大事なんじゃないかなって思うんです。

『バチェラー・ジャパン』シーズン1に参加したことも相まってよく誤解されるのですが、私は、どちらかというとそこまで恋愛体質ではありません。誰かを好きになるまでにはじっくり時間をかけるタイプですし、恋愛をお休みしている期間も結構あります。

だけど、恋愛モードでなくても自分が大好きだし、誰かに言われなくても、常に自分が最高！と思えるようになりました。

自己肯定感がアップしたのは、子育てがひと段落して、以前より自分のためのケアに時間がかけられるようになったこともあるでしょう。また、ファンの方や友達、仕事関係の方から褒めていただくことも、確実に自信につながっています。

それにプラスして自己肯定感を保つためにやっていることがあります。

それは「毎日鏡をひんぱんに見る」ことです。

「念入りにケアしたから、今日は肌のキメが整ってる！」「最近、ボディラインがいい感じ！」と、鏡を見ながら「昨日よりもいいな」「前よりもよくなったな」と思うところを自分で褒め

てあげるのです。

結局「キレイになりたい」のは自分ですし、そのために頑張るのも自分です。そして終着点は「私、キレイになった！」という自分自身の評価。トドのつまり、美は自分との戦いだと思うんです。

その自分がまず、自分の努力や改善できたところをきちんと褒めて認めてあげる。それがとても大切なことだし、自己肯定感を上げる原動力になっていると実感しています。

他人の評価は、あくまでも自分で積み上げた努力にプラスアルファされるもの。あったらよりよいけれど、なくても自分をアゲることは十分できます。

なりたい自分になるために、前へ進もうと行動しているだけであなたはとても素敵です。きっと毎日着実にキレイになっているはずですから、よいところをたくさん探して、自分でたくさん褒めてあげてくださいね。

マイルール
恋愛編3

自分は自分、人は人。恋愛も100通りあっていい

他人の恋愛を羨ましく思わなくなった自分をまずは褒めよう

「恋愛」とひとことでいっても、人の数だけ十人十色。100人いれば100通り、いろいろな恋愛のスタイルがありますよね。

冒頭で「年齢とともに恋愛の種類が変わってきた」と書いたように、環境やライフステージによって恋愛観は確実に変わります。

私の場合、独身だったときとシングルマザーになった今の恋愛観では、大きな変化がありました。

独身のときの恋愛は、ただただ自分が「好きか」「嫌いか」の感情ベースで動いていた気がします。対して子育てをしている現在は、自分の「好き」を満たしてくれるだけでは心は動かなくなりました。

将来を見据えて、「子どもとの相性はどうだろう？」と考えますし、経済的なことや一緒に住んだり、結婚したりといった先々のことまで視野に入れて相手を見るようになりました。自分本位の恋愛をするフェーズではなくなったというのは、強く感じています。

もちろんシングルマザーだからといって、必ずしも結婚相手を求めている人ばかりではないでしょう。

「パートナーは欲しいけれど、結婚をゴールにした恋愛は求めていない」という方もいらっしゃると思います。

はたまた「推し」に恋しているという方もいらっしゃるでしょう。

「推しに会うためにキレイになりたい！」それだって立派な恋愛だと私は思います。

要は「恋愛に正解はない」ということ。つい誰かと比べたくなったり、人の目が気になったりしちゃいますが、自分は自分、人は人です。道ならぬ恋は別として、一般的な恋愛は、人の目を気にせず、自由に楽しむスタンスが大切だと思います。

マイルール
恋愛編4

上手なぶりっここそ、大人の恋愛テクニック

洗練された仕草こそが大人女子の「ぶりっこ」だと思う

「ぶりっこ」という言葉にみなさんはどんなイメージを持ちますか？

「あざとい」「計算高そう」といったあまりよくないイメージが先行しているかもしれません。

だけど、私は大人の恋愛にこそ「ぶりっこ」が必要ではないかと思っています。誤解を恐れずに言えば、ぶりっこって、言い換えると「一番かわいく見える自分を上手に見せる」ことだと思うんですよね。

もちろん、10代のときのように決してキャピキャピとあからさまなものではなく、あくまでも上品にさりげなくするもの。つまり、自分のことを熟知している大人の女性だからこそなせる「上級の恋愛テク」だと思います。

例えば、みなさんは自分の「キメ顔」ってありますか？

左側の顔と右側の顔、どちらの自分の方がキレイに見えるでしょうか？

私の場合……私の写真やSNSなどをよく見てくださっている方ならご存じかもしれませんが、左側の顔の方がキマっています（笑）

だから、カメラにはできるだけ左顔で映りますし、好きな人と並んで歩いたり、バーカウンターで座ったりするなら、絶対に相手の右側をキープします。ほかにも声のトーンを高くするとか、自分が可愛く見える顔を練習するとか、いろんなパターンがありますよね。

さらにそこへ自分ならではのプチテクニックを加えられるといいかもしれません。

例えば、私は、毎日鏡を見るときに、

・どんなふうに笑えば素敵に見えるかな？
・姿勢や手の位置はどこにあれば上品かな？
・見つめるとき、どの角度からがかわいいかな？

といったことを模索し、ベストな自分になるためにこっそり練習＝「コソ練」をしています（笑）

この姿、誰かに見られてしまうとちょっと、いや、かなりはずかしいのですが、やり慣れていると、いざ！　というときに緊張せずにでき、自信を持って振る舞うことができます。

美容と同じで、大人女子も「ぶりっこ」のテクニックを磨くべし！　あなたをより魅力的にみせてくれる洗練された「上手なぶりっこ」を見つけてみましょう！

尾張屋
うまいもの会
おしながき
尾張屋本店
尾張屋支店

マイルール
恋愛編5

蒼川流
失恋したときの立ち直り方

告白がうまくいくのも、失恋するのも、全て「想定」しておくことが大事

理想的な人に出会い、大人のぶりっこも駆使して一生懸命アプローチしたのに、相手には受け入れてもらえない。そんなことも、もちろんあります。

私は意外と恋愛には慎重派で、気になる相手の行動や言動を分析して「この人だったらいけるかも……」と、ある程度期待を持てる人にアタックするんです。そんな相手から「ごめんなさい」と言われてしまうと、相当落ち込むのでは？　と思われるかもしれませんが、実はそうでもありません。

なぜかというと、つねに「失恋も想定の範囲内」だと自分に言い聞かせているからです。どんなに行動や言動から「この人ならいける」と思った人でも、しょせん他人です。本心をうかがいしることはできません。だから、ダメなときだって当然あるんです。

それは、ただ単に「その人とはご縁がなかった」ということ。

「想定の範囲内」と割り切って気持ちを切り替えます。もっと言えば、少し古いかもしれませんが某芸人さんの「地球上に男は何人いると思っているの？」のマインドです（笑）

失恋したのは、決して自分に非があったからじゃない。たまたま、運命の相手ではなかっただけで、自分に本当に合う人はこの世界のどこかに必ずいるんです。

それに、頑張ってアプローチしたのに気持ちに気づいてくれなかったり、思わせぶりな態度で期待だけさせて断ったりする人は「そこまでの男」だということなんです。

「こんなに自分磨きを頑張っている私を振るなんて、見る目がないわね」くらいの気持ちでい

ましょう。落ち込む必要はまったくありません。

ちなみに「想定の範囲」を思い描いておくことは、恋愛だけでなくいろいろなシーンで使えると思っています。

例えば、重要な仕事を任されて緊張しているときなども「トラブルは想定の範囲内」と考えておいたり、口に出したりしておくと、もし実際にトラブルが起きたとしても比較的冷静に対処できると思います。

マイルール
恋愛編6

『バチェラー・ジャパン』シーズン1で得た恋愛との向き合い方

待っていても何もやってこない。新たなチャレンジのための『バチェラー・ジャパン』シーズン1

話は大学3年生の頃まで遡ります。私も同級生たちと同じように就職活動に取り組んでいましたが、最終選考までいくのにすべて全滅。なかなか就職先が決まらない状態が続いていました。

そんな状況でしたが、不思議と「どうしよう……」と焦る気持ちにはなりませんでした。それは「何がなんでも会社員になりたい」と思っていなかったからかもしれません。そうして過ごしていた大学3年生の夏、私に突如『バチェラー・ジャパン』シーズン1オーディションの話が舞い込んできたのです。

芸能関係に明るい知人から「男女の恋愛模様を追っかけた〝バチェラー〟っていう番組が海外ではやってて、日本でも同じことをやるんだけどさ、蒼川さん、出てみない？」と打診されました。まさに青天の霹靂でした。

ですが、1人の男性をめぐって女性たちと恋愛サバイバルを繰り広げる……そんな番組に出るなんて、とても私にはできないと思い、断り続けていました。

しかしその後も説得は続き「オーディションを1回受けてみるだけなら」という条件で私は『バチェラー・ジャパン』シーズン1のオーディションを受けることになりました。

オーディションは全部で3、4回ほど。初めこそ戸惑っていた私でしたが、オーディションが進むにつれ「人生1回しかないし、やるだけやってみよう！」という前向きな気持ちに変わっていました。
その後、『バチェラー・ジャパン』シーズン1への参加が決まり、撮影が始まったのが10月頃のこと。当時はまさか最後まで残るなんて予想すらしていなかったので、大学の単位が足りない事態に陥り、結局、半年間留年することに……（笑）
とはいえ、この『バチェラー・ジャパン』シーズン1の参加が私の人生を大きく変えることになったのは言うまでもありません。あのとき「えいっ」と飛び込んだからこそ拓けた新たな可能性。あのとき断っていたら今の私は確実にいないかも……と思うとなんだか怖くなります。
みなさんも、私と同様、思ってもみない誘いを受けたときに「私になんてできない！」と思い込んで、すぐに断っていませんか？　もしかしたら、その申し出にこそ、自分を変える、またば、人生が変わるきっかけが眠っているのかもしれません。

『バチェラー・ジャパン』シーズン1で最後の1人に選ばれた私を支えてくれた「気持ち整理ノート」

番組を見てくださった方は知っているかと思いますが、恋愛ガチンコ勝負以外にも、『バチェラー・ジャパン』シーズン1の特徴は、とにかく移動距離が長いことにあります。千葉から始まり、山梨、北海道、横浜、沖縄、果てはタイ……と、さまざまな場所に移動しました。体力はもちろん必要ですが、それよりも重要になってくるのは、精神力だと感じました。

男性との駆け引きだけではなく、ライバルである女性とのなんとも言えない関係性を終盤まで保っていくことにかなり神経を使った印象です。旅が進むにつれてピリピリとした空気が流れることも何回もありました。だけど、考えてみると当たり前ですよね。友達でも知人でもない人たちとずーっと行動を一緒にするわけですから、みんなストレスが溜まるんです。さすがの私も、旅の間は何度心が折れそうになったことか……。

そんな時、役立ったのが「気持ちを整理するノート」です。なんの変哲もない普通のノートに、自分が今思っていることを思いつくままに書き出したり、状況を分析する図を描いたり、ただただ愚痴を書き連ねたり……。

ただ書くだけの簡単なことですが、不思議と心がふわっと軽くなりました。それどころか「また明日から頑張ろう」とリセットでき、撮影にのぞむことができました。思いを吐き出せる気持ち整理ノートがなかったら、きっと私は『バチェラー・ジャパン』シーズン1で最後の1人に選ばれることはできなかったでしょう。

今でも時々このノートを見返すことがあるのですが「わーすごく頑張ってたんだな」と感じるくらい、中身が濃く、当時の達成感や感動を追体験でき、自分が誇らしく思えます。

みなさんも、仕事や恋愛、あるいは家族のことで悩むこともあるでしょう。そんなときはぜひ、自分の気持ちのおもむくままに「書く」ことをしてみてください。書くことは誰かに話すのと同じくらい気持ちをスッキリさせる効果があると思うのでおすすめです。

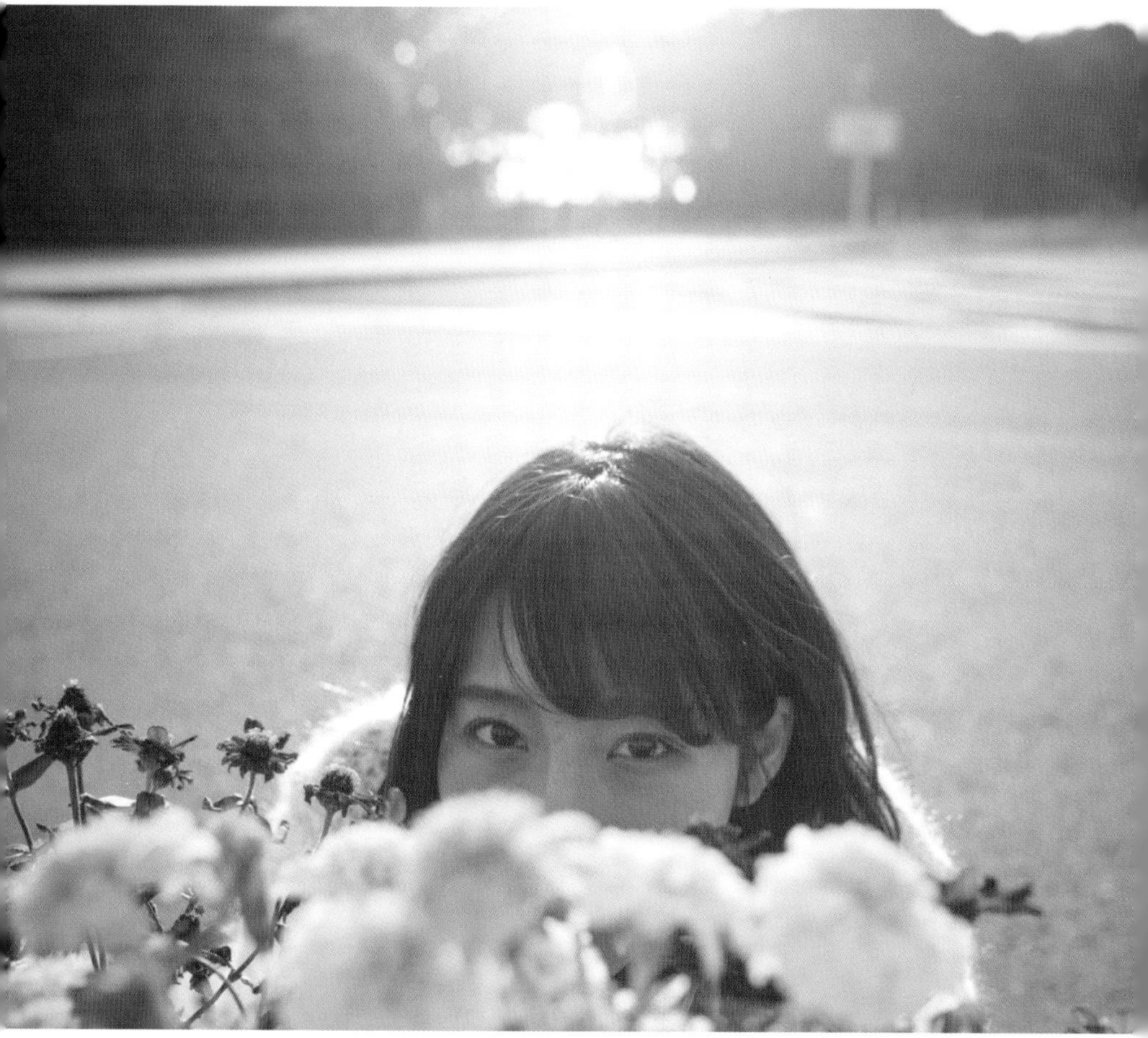

マイルール
恋愛編7

私がシングルマザーの道を選んだ理由

自分の人生を生きなきゃダメだと我が子が教えてくれた

私がなぜシングルマザーになったのか。

そこには、私がかつて5年間お付き合いをしていた彼が深く関わっています。

彼と出会ったとき、私は22歳でした。『バチェラー・ジャパン』シーズン1の旅が終わってから大学を卒業した私は、所属していた芸能事務所を辞めました。その後、イベント出演やモデルの仕事、インフルエンサーとしてのPRの仕事……などを始めた矢先でしょうか、ふとしたことがきっかけで私たちは付き合うことになりました。

はじめは大好きで付き合った彼でしたが、お付き合いの期間、私はいろいろなことを「我慢」していました。その結果「5年も続いてしまった」と言った方がよいかもしれません。糸がほつれてほどけるように、小さな違和感がどんどん大きくなっていき「もう、お別れした方がいいのかな……」とずっと思い悩んでいました。そんな揺れ動く気持ちの中、とうとう体調を崩すまでに……。体調が悪い日が続いていたため、病院に行ったら、なんとびっくり。妊娠していたことがわかりました。

当時の私は、彼との関係で強いストレスを抱えていたため、すっかり痩せ細っていました。そのため生理も不順に。長引く体調不良で病院に行くまで、妊娠にはまったく気づいていませんでした。このとき、お腹の子どもはすでにしっかりと育っていて、もはや「産む」こと以外は選択肢がない状況でした。最初はとても驚きましたが、不思議なことに、出産することに一切の迷いはありませんでした。

私の方の覚悟は決まってはいたものの、子どもの父親である彼の方は……。この時、彼は父親になるということよりも、まだまだビジネスのことに全意識が向いている状態でした。今回は子どもは諦めよう……的な話を切り出された瞬間、この子を守るためにもシングルマザーとして生きていこうと決意しました。

とはいえ、やはりこれから生まれてくる子どものことを考えると「それでも何とか、彼と一緒に頑張れないだろうか？」と悪あがきもしました。それでも、わかってはいたんです。「おそらくこの子は一人で育てることになるだろう」と。それでもあがいたのは、シングルマザーとして生きること以上に、片親で色眼鏡で見られるかもしれない我が子への社会的な偏見を避けたい……という気持ちがあったからです。そして、相変わらず本来の自分を抑えつけ、「我慢」をしながら、半年ほど東京で同棲を続けたのです。

そんなふうに妊娠期を過ごし、出産直前に地元である島根に帰ったのですが、そこで感じたとてつもない解放感と居心地の良さは今でもはっきり覚えています。我慢の毎日でボロボロだったメンタルも、日に日に安定してくるのがわかりました。

そこでようやく気づいたのは「私に必要だったのは、我慢して彼と一緒にいることではない。彼から離れることだったんだ」ということ。

そして「シングルマザーとして、この子と2人で生きていこう」と、決心しました。社会の偏見や常識なんて関係ない。私の選択を悪く言う人もいるかもしれないけれど、私の人生は私が決める。そう思えたとき、心が一気に解放されて楽になれました。

いい子ぶるつもりは毛頭ないですが、そうなれたのも、子どもと、彼のおかげだと心底思っています。子どもを授かり、出産したことは、常識や人の目から抜け出して自分の人生を生きるための大きなきっかけになったと感じています。

マイルール
恋愛編8

シングルマザーも恋愛を楽しんで！

人を好きになる気持ちは止められない。でも何が大切なのか、優先順位や選択は間違わないで

「シングルマザーなのに恋愛なんて……」

そんなふうに自分で思い込んだり、周りから言われて気にしたりしている方は多いかもしれません。なにより私自身、そう思って悩んだ時期もありました。

もちろん、批判の的になる理由はわかりますし、同じシングルマザーでもそれぞれの置かれている状況は異なります。だから、私も手放しで「みんなどんどん恋をしよう！」なんて無責任なことは言えません。

と前置きをしていますが、だからといって「シングルマザーだから恋愛をしてはいけない」と決めつけてしまうのも違うんじゃないかなと思うんです。

恋愛の形はみんな違うし、恋をするのは自由だと思います。多様性の時代に何かを、誰かを制限するのは違和感があります。

「子どもがいるから……」と恋に臆病になるのは当たり前。「お母さんは恋愛よりも子育てを優先すべき」と言われるのは至極もっともです。だって子どもにとって、ある意味無条件で頼れる存在は、お母さんだけだと思うから。

でも、だからといって恋愛をしているから母親失格という風潮や偏見はいかがなものかと思います。シングルマザーだって恋愛をしてもいいと思いますが、その恋が一般的な恋愛とは異なる点を常に念頭に置いておく必要があります。決して、一時の感情で恋愛をしてはいけないということ。いつも、お子さんや自分自身にプラスになるかどうかを考えないといけません。

それを忘れなければ、シングルマザーだって恋をしていいと思うんです。

私も、一時の恋愛感情で誰かと付き合うことは絶対にありません。私がもし恋愛をするなら
「経済力」

「子どもとの相性」

「子どもや自分に我慢がないか」

「自分を大事にしてくれるか」

の4つはマストです。この条件の範囲内で、お相手を選ぶようにしています。この4つの条件を念頭に置いて恋愛をすることで、今の自分に最適な恋愛ができるようになりました。

さらに贅沢を言うならば、お相手を選ぶときは、相手と一緒にいて「自分自身が我慢していないか」もとても大切な要素だと思っています。とくにシングルマザーの方は、何かと自分を犠牲にして我慢している方が多い印象です。相手に少し気になる部分を見つけてしまっても「子どもの父親にしたいと思った人だから、少しくらい無理してでも付き合おう」と思い直し、我慢して付き合って、相手の言いなりになってしまう……。我が子を思うがゆえに、そういった悲しい恋愛もありうると思います。

しかし、相手の都合に対して自分が何も言わずに我慢して耐え続けることは、結局自分も子どももアンハッピーになってしまいます。

シングルマザーでもそうでない女性でも、恋愛をするうえで大切なのは、
・言いたいことを整理して、気持ちや要望を「言葉」にして伝えられる相手かどうか

・彼に言いたいことがあるときにその場で話して解決できるかどうかだと思います。

シングルマザーの恋愛は、子どもはもちろんのこと、親である自分も無理なくハッピーでいられるかどうかがひとつの大きなポイントだと思います。お子さんやご自身にとっていいと思った相手であれば、次のステップに進んでみてもいいかもしれませんよ。

おわりに

epilogue

あんなに自分が嫌いで嫌いでたまらなかった私ですが、今ではすっかり〝自分大好き人間〟に変貌を遂げました。妊娠・出産を機に、ありのままの自分を受け入れること、自分軸を持つことの大切さを教えてくれた息子と父親である彼、シングルマザーとして生きていくことを受け入れ、今でもサポートしてくれている母には、感謝しかありません。

過去の私がいたからこそ今の自分がある……とわかってはいますが、私を無条件で愛して、必要としてくれる息子のためにも、ジメジメ・ウジウジした自分には二度と戻りたくないと思っています。

『バチェラー・ジャパン』シーズン1に参加して、シングルマザーになってからというもの、それまでの恋愛観は180度変わったといっても過言ではありません。でも、それが今の自分に必要な恋愛観だと受け入れています。また、そんなふうにライフステージが変わるごとに変化を遂げる自分自身が愛おしいとすら思っています。

シングルマザーになること、それは大変ではありますが、決していばらの道ばかりではないと思います。我が子の成長を身近に見ながら、私自信も母親として人間として成長していけるのはかけがえのない体験です。いろんな経緯でシングルマザーになることを決めた方や、辛い恋愛で悩んでいる方、自分が嫌いな方、自分を見失っている方……そういったみなさんの心にのしかかっている重りが、私の実体験を読んで少しでも軽くなれば幸いです。

そして、幸せな日々や恋愛のためにも、自分を偽らずに、ありのままの心の声に耳を傾ける機会を増やしてみてください。きっと道は拓けると思います。シングルマザーや女性の笑顔が増えることを願って。

蒼川 愛

蒼川 愛　あおかわ・あい

島根県生まれ。早稲田大学政治経済学部在学中に『バチェラー・ジャパン』シーズン1に参加。見事、初代バチェラーのハートをつかみ、一躍時の人に。その後、「ミスiD 2018」に選出され、本格的な芸能活動を始める。ファッション誌モデル、人気インスタグラマーなど、インフルエンサーとして活躍中。美容やファッションなど20代後半から30代の女性に絶大な人気を誇るアイコン的存在。2021年12月には、2歳の息子がいることを公表。"ママインフルエンサー"としても活躍の幅を広げている。

蒼川愛という生き方。

2023年9月30日　初版第1刷発行

著　者	蒼川　愛
発行者	津嶋　栄
発　行	株式会社フローラル出版 〒163-0649 東京都新宿区西新宿1-25-1 新宿センタービル49F ＋OURS内 TEL 03-4546-1633（代表） TEL 03-6709-8382（代表窓口） 注文用FAX　03-6709-8873
メールアドレス	order@floralpublish.com
出版プロデュース	株式会社日本経営センター
出版マーケティング	株式会社BRC
企画プロデュース	佐藤優樹（AIP合同会社）
企画編集	浜津樹里（フローラル出版）
印刷・製本	株式会社ティーケー出版印刷

ISBN 978-4-910017-47-1